コーポレートガバナンス・コードの解説

弁護士（日本・NY州）・公認会計士 浜田 宰

Commentary on
Japan's Corporate Governance
Code

商事法務

はじめに

　我が国においてコーポレートガバナンス改革が開始されてから7年超が経った。コーポレートガバナンス改革は、多方面から取り組まれてきた。まず、2014年にスチュワードシップ・コードが策定され、次にコーポレートガバナンス・コード（以下、場合に応じて「コード」と略称する）が2015年に策定された。両コードは、本書の執筆時点までにそれぞれ2度の改訂が行われている。これと並行して、ガバナンスを含む非財務情報の開示のあり方を巡って開示府令の改正が行われ、有価証券報告書における記述情報の開示の充実が図られた。2014年と2019年には会社法が改正され、社外取締役の選任の義務付けや事業報告・参考書類における開示の規律の強化など、ガバナンス改革の観点からも重要な改正が行われた。経済産業省からも、コーポレートガバナンスに関する各種の報告書が公表され、企業の実務の変化の方向性が示されている。2022年4月には、東京証券取引所において市場区分の移行が行われた。新市場区分のうち、とりわけプライム市場の上場会社に対しては、一段と高いガバナンスの水準が求められている。

　本書では、これらの一連の改革の中で中心的な位置を占めているコーポレートガバナンス・コードを解説する。最初に、我が国のコーポレートガバナンス改革の全体像と、その中でのコーポレートガバナンス・コードの位置付けを概観する。次に、コードの特徴や実務対応上の考え方を概説する。その上で、コードの各原則について、その策定・改訂の経緯や背景を解説する。解説にあたっては、原則間の関係を把握しやすいよう心掛けると共に、関連する開示規制や会社法の改正、各種の報告書・指針の内容なども、可能な限り幅広く紹介する。

　筆者は、弁護士として企業法務に従事する傍ら、2014年から2016年にかけて金融庁総務企画局（当時）企業開示課において、専門官として、コーポレートガバナンス・コード原案の策定等の業務に携わった。また、2020年3月から2022年3月にかけて、金融庁企画市場局企業開示課にお

いて、企業統治改革推進管理官として、コーポレートガバナンス・コードの再改訂等の業務に携わった。本書では、こうした経験を通じて得た筆者の知見に基づいて、コードの目的や内容を、平易かつ簡明に伝えることを試みている。上場会社においてコーポレートガバナンス・コードへの対応を検討される方々や、コーポレートガバナンス改革の取組みに関心を抱かれる方々に、本書を役立てていただければ幸いである。なお、本書のうち意見にわたる部分は筆者の私見であり、筆者が現に所属し、または過去に所属していた組織または団体の見解を表すものではない。

　本書の刊行に際しては、株式会社商事法務の澁谷禎之氏より、企画段階から発刊に至るまでの期間にわたり多大なご協力を頂いた。同氏と商事法務の皆さまにこの場を借りて篤くお礼を申し上げる。

2022 年 4 月

浜田　宰

目　次

▶第一　総　論

▶第二　各原則の解説

凡　例

法令等

開示府令	企業内容等の開示に関する内閣府令
有価証券上場規程	有価証券上場規程（東京証券取引所）
有価証券上場規程施行規則	有価証券上場規程施行規則（東京証券取引所）

指針・報告書・有識者会議等

2015 年パブコメ回答（和文）	コーポレートガバナンス・コード原案　主なパブリックコメント（和文）の概要及びそれに対する回答（2015 年3 月5 日）
2015 年パブコメ回答（英文）	コーポレートガバナンス・コード原案　主なパブリックコメント（英文）の概要及びそれに対する回答（2015 年3 月5 日）
2018 年改訂提言	コーポレートガバナンス・コードの改訂と投資家と企業の対話ガイドラインの策定について（2018 年3 月26 日）
2018 年パブコメ回答	「フォローアップ会議の提言を踏まえたコーポレートガバナンス・コードの改訂について」に寄せられたパブリック・コメントの結果について（2018 年6 月1 日）
2021 年改訂提言	コーポレートガバナンス・コードと投資家と企業の対話ガイドラインの改訂について（2021 年4 月6 日）
2021 年パブコメ回答	「フォローアップ会議の提言を踏まえたコーポレートガバナンス・コードの一部改訂に係る上場制度の整備について（市場区分の再編に係る第三次制度改正事項）」に寄せられたパブリック・コメントの結果について（2021 年6 月11 日）
伊藤レポート	「持続的成長への競争力とインセンティブ～企業と投資家の望ましい関係構築～」プロジェクト「最終報告書」（2014 年8 月）

グループガイドライン	「グループ・ガバナンス・システムに関する実務指針（グループガイドライン）」（2019 年）
公益通報者保護指針	内閣府告示第 118 号「公益通報者保護法第 11 条第 1 項及び第 2 項の規定に基づき事業者がとるべき措置に関して、その適切かつ有効な実施を図るために必要な指針」（2021 年 8 月）
コード原案	コード策定時有識者会議「コーポレートガバナンス・コード原案〜会社の持続的な成長と中長期的な企業価値の向上のために〜」（2015 年 3 月 5 日）
コード策定時有識者会議	コーポレートガバナンス・コードの策定に関する有識者会議
コーポレートガバナンス報告書	コーポレート・ガバナンスに関する報告書
事業再編ガイドライン	「事業再編実務指針〜事業ポートフォリオと組織の変革に向けて〜（事業再編ガイドライン）」（2020 年 7 月 31 日）
社外取締役ガイドライン	「社外取締役の在り方に関する実務指針（社外取締役ガイドライン）」（2020 年 7 月 31 日）
スチュワードシップ・コード	「『責任ある機関投資家』の諸原則≪日本版スチュワードシップ・コード〜投資と対話を通じて企業の持続的成長を促すために〜」
対話ガイドライン	投資家と企業の対話ガイドライン（2011 年 6 月 11 日改訂）
東証コーポレートガバナンス白書	東京証券取引所「東証上場会社コーポレート・ガバナンス白書 2021」（2022 年 2 月 24 日更新）
フォローアップ会議	スチュワードシップ・コード及びコーポレートガバナンス・コードのフォローアップ会議
フォローアップ会議意見書（1）	フォローアップ会議「コーポレートガバナンス・コードへの対応状況と今後の会議の運営方針」（「スチュワードシップ・コード及びコーポレートガバナンス・コードのフォローアップ会議」意見書（1））（2015 年 10 月 20 日）

フォローアップ会議意見書（2）	フォローアップ会議「会社の持続的成長と中長期的な企業価値の向上に向けた取締役会のあり方」（「スチュワードシップ・コード及びコーポレートガバナンス・コードのフォローアップ会議」意見書（2））（2016 年 2 月 18 日）
フォローアップ会議意見書（3）	フォローアップ会議「機関投資家による実効的なスチュワードシップ活動のあり方～企業の持続的な成長に向けた「建設的な対話」の充実のために～」（「スチュワードシップ・コード及びコーポレートガバナンス・コードのフォローアップ会議」意見書（3））（2016 年 11 月 30 日）
フォローアップ会議意見書（4）	フォローアップ会議「コーポレートガバナンス改革の更なる推進に向けた検討の方向性」（「スチュワードシップ・コード及びコーポレートガバナンス・コードのフォローアップ会議」意見書（4））（2019 年 4 月 24 日）
フォローアップ会議意見書（5）	フォローアップ会議「コロナ後の企業の変革に向けた取締役会の機能発揮及び企業の中核人材の多様性の確保」（「スチュワードシップ・コード及びコーポレートガバナンス・コードのフォローアップ会議」意見書（5））（2020 年 12 月 18 日）
CGS ガイドライン	「コーポレート・ガバナンス・システムに関する実務指針」（CGS ガイドライン）改訂版（2018 年 9 月）
M＆A 指針	「公正な M＆A の在り方に関する指針―企業価値の向上と株主利益の確保に向けて―」（2019 年 6 月 28 日）

文献

澤口・内田・小林	澤口実・内田修平・小林雄介『コーポレートガバナンス・コードの実務〔第 4 版〕』（商事法務、2021 年）
島崎ほか	島崎征夫・池田直隆・浜田宰・島貫まどか・西原彰美「コーポレートガバナンス・コードと投資家と企業の対話ガイドラインの改訂の解説」商事法務 2266 号（2021 年）
田原ほか	田原泰雅・渡邉浩司・染谷浩史・安井桂大「コーポレートガバナンス・コードの改訂と『投資家と企業の対話ガイドライン』の解説」商事法務 2171 号（2018 年）

中村・倉橋	中村直人・倉橋雄作『コーポレートガバナンス・コードの読み方・考え方〔第3版〕』（商事法務、2021年）
中村・塚本・中野	中村慎二・塚本英巨・中野常道「コーポレートガバナンス・コードのすべて」（商事法務、初版、2017年）
油布ほかⅠ	油布志行・渡邉浩司・谷口達哉・中野常道「『コーポレートガバナンス・コード原案』の解説〔Ⅰ〕」商事法務2062号（2015年）
油布ほかⅡ	油布志行・渡邉浩司・谷口達哉・善家啓文「『コーポレートガバナンス・コード原案』の解説〔Ⅱ〕」商事法務2063号（2015年）
油布ほかⅢ	油布志行・渡邉浩司・髙田洋輔・中野常道「『コーポレートガバナンス・コード原案』の解説〔Ⅲ〕」商事法務2064号（2015年）
油布ほかⅣ	油布志行・渡邉浩司・髙田洋輔・浜田宰・「『コーポレートガバナンス・コード原案』の解説〔Ⅳ・完〕」商事法務2065号（2015年）

▶第一　総　　論

第一　総　論

1　コーポレートガバナンス・コードの概要

　コーポレートガバナンス・コードとは、上場会社に対して、幅広いステークホルダーと適切に協働しつつ、中長期的な企業価値の向上へ向けた取組みを進めるよう求める行動原則である。コードは、証券取引所の上場規則に組み込まれているが[1]、厳格な法規範ではない。プリンシプルベースとコンプライ・オア・エクスプレインという手法が採用され、いわゆるソフトローと位置付けられている（第一・4(1)・(2)参照）。

　コーポレートガバナンス・コードは5章から構成されている。各章の冒頭に計5つの基本原則が置かれており、その下に、31の原則及び47の補充原則が置かれている。

　全5章のうち、第1章から第4章の項目、すなわち、【株主の権利・平等性の確保】、【株主以外のステークホルダーとの適切な協働】、【適切な情報開示と透明性の確保】及び【取締役会等の責務】は、コード策定当時のOECDコーポレートガバナンス原則の項目にほぼ対応している[2]。最後の第5章が【株主との対話】に関する独立した章となっているのは、コーポレートガバナンス・コードとスチュワードシップ・コードがいわば「車の両輪」であるという考え方を踏まえたものであって、我が国独自の取組みである。この構成には、上場会社が株主と建設的な対話を行うことが実効的なコーポレートガバナンスの実現に資するという期待が込められている。

　コーポレートガバナンス・コードは、後に詳しくみるように、2015年に策定された。その後、2018年と2021年に改訂されている。

　コーポレートガバナンス・コードは全上場会社に対して適用される。た

---

1)　有価証券上場規程436条の3。
2)　2014年から2015年にかけて、我が国でコーポレートガバナンス・コードの策定へ向けた議論が進められていた時期に、OECDのコーポレートガバナンス委員会においては、OECDコーポレートガバナンス原則の改訂に向けた検討が進められていた。OECDコーポレートガバナンス原則は、その後、2015年9月に改訂された。改訂前には、株主の権利と株主の平等な取扱いが別々の章とされていたところ、2015年の改訂において、これらが「株主の権利と平等な取扱い」として一つの章にまとめられた。また、機関投資家等の市場仲介者に関する独立の章が設けられるなどの改訂も行われた。

2

だし、「プライム市場上場会社は」と記述されている内容は、プライム市場上場会社に対してのみ適用される[3]。グロース市場上場会社に対しては、5つの基本原則についてコンプライ・オア・エクスプレインの対応をすることが求められているのみである[4]。もっとも、2021年のコード改訂に際してフォローアップ会議より公表された「コーポレートガバナンス・コードと投資家と企業の対話ガイドラインの改訂について」では、次の見解が示されている。すなわち、グロース市場上場会社においても、各社の置かれた状況に応じつつ、原則や補充原則にも沿いながらガバナンスの向上に向けた自主的な取組みが進められることが望ましい。そして、プライム以外の市場の上場会社においても、プライム市場上場会社向けのガバナンス項目を参照しつつ、ガバナンスの向上に向けた取組みを進めることが望ましい[5]。

　上場会社は、コードの各原則を実施するか、実施しない場合にはその理由をコーポレートガバナンス報告書において説明しなければならない。各社が提出するコーポレートガバナンス報告書は、東京証券取引所のウェブサイトに常時掲載される[6]。

コラム：コーポレートガバナンスとは何か

　コーポレートガバナンスとは何か。この問いについて、統一的な見解は確立していない。例えば、日・英・独のコーポレートガバナンス・コードにおける定義からも、以下のとおり様々な見解が併存していることがうかがい知れる。ただ、全体に共通する要素を抽出して大括りにまとめるとすれば、「企業の経営を規律し監督するための仕組み」とでもいうことができよう。
日本
「株主をはじめ顧客・従業員・地域社会等の立場を踏まえた上で、透明・公正かつ迅速・果断な意思決定を行うための仕組み」
英国

---

3)　原則4-8、補充原則1-2④、3-1②、3-1③、4-8③、4-10①を参照。
4)　有価証券上場規程436条の3。
5)　2021年改訂提言7頁。
6)　「コーポレートガバナンス報告書」は、他社との比較が容易となるよう、所定の様式によるものとされている。

「それによって会社が方向づけられ、統制されるシステムである。取締役会は、会社のガバナンスに対して責任を負っている。ガバナンスにおける株主の役割は、取締役および会計監査人を任命し、自ら納得できる充実した適切なガバナンス構造が構築されるようにすることである」

ドイツ

「コーポレート・ガバナンスは、企業の経営と監督のための法的及び事実上の規制の枠組みとして理解されている」

　では、なぜ企業の経営を規律し監督する必要があるのか。その主な理由としては、現代の経済社会において企業が果たしている役割の重要性に加えて、株式会社の特徴である「所有」と「経営」の分離を挙げることができる。多くの企業は、大規模化するにつれて、所有と経営が分離するようになる。小規模の家族経営企業や、設立したばかりのベンチャー企業であれば、株主がそのまま経営者というケースも珍しくはない。しかし、これらの企業が成功し、事業活動を拡大しようとすると、大規模化へ向けた資金需要を賄うために、外部から資本を調達することが多い。その典型例は、上場に伴う資金調達であり、これにより会社の株式の多くを多数の株主が少しずつ保有するようになる。

　このように所有の分散化が進むと、少数株主にとって、投資先企業の経営を監視することによる利得が、そのために要するコストを下回る場面が多くなる。コストをかけて企業経営を監視し、対話や議決権行使を通じて投資先企業を是正したとしても、その成果は株主全体に帰属し、当該株主にとっての利得は自らの保有割合に応じた範囲に留まるためである。そのため、株主にとっては、所有と経営が分散するほど、投資先企業の経営へ関心を払わない状態が合理的となってしまい得る（「合理的無関心」）。その結果として、経営陣への監督が十分に行われず、経営陣の権限が強大となりがちとなる。

　他方で、所有の分散化が進めば、経営者が全株式を保有していた場合とは異なり、会社の財産が減少しても経営者の財産は株式の保有割合に応じた分しか減少しなくなる。そのため、経営者は、過大な報酬の受領や社用車・専用ジェットの利用、過度な企業の大規模化（エンパイア・ビルディング）など、自らの経済的利益や名誉などの私的便益を会社の利益よりも優先する動機を持つようになる。また、自身の私的な満足を優先して企業経営に対する努力を怠ったり、自らの失職のリスクを避けるべく、リスクを伴うが会社において高収益の期待される投資機会を見送るといった動機を持つようになる。

　こうした問題へ対処するための制度として、我が国では、例えば、会社法や金融商品取引法によって、取締役や監査役の義務や責任の追及方法を定めたり、情報の非対称性の低減へ向けて開示制度や監査制度を整備している。また、本書で解説するコーポレートガバナンス・コードを制定し、ソフトローの手法を

用いて（コラム「ソフトローという規制手法の動向」(22 頁) 参照）、各企業の実情に応じた形で、望ましいコーポレートガバナンスが実現されるよう促している。さらに、スチュワードシップ・コードを制定して、機関投資家が株主として投資先企業をきちんとモニタリングするよう促している（第一・2(1)参照）。

2　コード以外のコーポレートガバナンス改革の主な取組みの概要

(1)　スチュワードシップ・コード

　我が国のコーポレートガバナンス改革においては、コーポレートガバナンス・コードは、その策定当初から、スチュワードシップ・コードと「車の両輪」の関係にあると位置付けられてきた。

　スチュワードシップ・コードは、機関投資家に対する行動原則である。スチュワードシップ・コードの受入れを表明した機関投資家は、「責任ある機関投資家」として、企業と中長期的な視点に立った建設的な対話を行い、投資先企業の持続的な成長を促すことが求められる。

　コーポレートガバナンス・コードは、上述のように、証券取引所の上場規則に組み込まれており、全上場会社に対して適用される。これに対して、スチュワードシップ・コードを受け入れるか否かは、各機関投資家の判断に任されている。「受入れ表明」及び「コードの各原則に基づく公表項目」も、自己のウェブサイトで公表するのが原則である。ただし、公表を行ったウェブサイトのアドレスは金融庁に通知することとされており、金融庁はそれらの機関投資家を、一覧性のある形で公表している[7]。

　コーポレートガバナンス・コードとスチュワードシップ・コードは、上場会社と機関投資家に対して、共通の目的に向けた取組みを促すものである。スチュワードシップ・コードに基づいて機関投資家が上場会社との間で建設的な対話を行いながら、そしてコーポレートガバナンス・コードに基づいて上場会社が機関投資家との対話に臨みながら、コーポレートガバナンスの改善に向けて共に取り組んでいくことにより、中長期的な企業価

---

7)　スチュワードシップ・コードの受入れを表明した機関投資家の数は、2022 年 3 月 31 日時点で 323 に達している。

値の向上が図られる。この企業価値の向上が中長期的なリターンの向上として最終受益者に還元されることにより、日本経済全体の好循環が実現されることが期待されている。

　スチュワードシップ・コードは、コーポレートガバナンス・コードに先んじて、2014 年に策定され、2017 年と 2020 年に改訂されている。

⑵　対話ガイドライン

　コーポレートガバナンス・コードとスチュワードシップ・コードの附属文書として、2018 年に、投資家と企業の対話ガイドラインが策定された。

　コーポレートガバナンス・コードとスチュワードシップ・コードが、コーポレートガバナンス改革における「車の両輪」であるとすれば、機関投資家と上場会社との間の建設的な対話は、両コードを繋ぐ車軸に当たる。対話ガイドラインは、この建設的な対話を後押しする観点から定められたものであり、その内容自体について「コンプライ・オア・エクスプレイン」を求めるものではないが、実効的な「コンプライ・オア・エクスプレイン」を促すものとして位置付けられている。コーポレートガバナンス・コードの各原則を実施しない理由の説明を行う場合には、対話ガイドラインの趣旨をよく踏まえることが期待されている[8]。

　対話ガイドラインは、2021 年に改訂されている。

⑶　会社法

　2014 年の会社法改正では、コーポレートガバナンスに関する主要な改正点として、上場会社に対して、社外取締役を 1 名以上設置しない場合にはその理由を説明する義務が課された。また、監査等委員会設置会社が機関設計の種類として新たに設けられる等の改正が行われた。

　2019 年の会社法改正では、2014 年の改正からさらに一歩踏み込む形で、上場会社に対して社外取締役の 1 名以上の選任が義務付けられた。あわせて、取締役の報酬に関する規律の見直しや、会社補償に関する規律の整備

---

8)　対話ガイドライン序文。

が行われ、株主総会についても、株主総会資料の電子提供制度の創設等が行われた。

(4) 開示府令

　企業内容等の開示に関する内閣府令については、2015年に、金融審議会の下にディスクロージャーワーキング・グループが設置され、2016年に報告書が公表された[9]。同報告書での提言に沿って、2018年1月に開示府令が改正され、有価証券報告書と事業報告における記載の共通化や、株主総会日程の柔軟化のための開示の見直し、非財務情報の開示の充実などが図られた。

　その後、2018年にも、ディスクロージャーワーキング・グループから報告書が公表された[10]。同報告書での提言に沿って、2019年1月に開示府令が改正され、財務情報及び記述情報の充実や、建設的な対話の促進に向けた情報の提供、情報の信頼性・適時性の確保に向けた取組みなどの改正が行われた。

(5) 経済産業省による取組み

　経済産業省は2014年に伊藤レポートを公表し、持続的成長へ向けた対話や資本効率の重要性等について提言を行った。その後も、対話のあり方や株主総会の実務、グループガバナンス・事業ポートフォリオ・社外取締役の役割など、幅広いテーマについて報告書や指針が公表されている。これらのうち、コーポレートガバナンスに関連する主な報告書等を挙げると、表1のとおりである。

---

9) 金融審議会「ディスクロージャーワーキング・グループ報告—建設的な対話の促進に向けて—」（2016年4月18日）。
10) 金融審議会「ディスクロージャーワーキング・グループ報告—資本市場における好循環の実現に向けて—」（2018年6月28日）。

第一　総　論

<表1>

公表時期	公表資料
2014年8月	「持続的成長への競争力とインセンティブ〜企業と投資家の望ましい関係構築〜」プロジェクト「最終報告書」（伊藤レポート）
2015年4月	持続的成長に向けた企業と投資家の対話促進研究会報告書〜対話先進国に向けた企業情報開示と株主総会プロセスについて〜
2015年7月	コーポレート・ガバナンスの実践〜企業価値向上に向けたインセンティブと改革〜
2016年4月	株主総会プロセスの電子化促進等に関する研究会報告書〜対話先進国の実現に向けて〜
2017年3月	コーポレート・ガバナンス・システムに関する実務指針（CGSガイドライン）
2017年4月	「攻めの経営」を促す役員報酬−企業の持続的成長のためのインセンティブプラン導入の手引−
2017年10月	「持続的成長に向けた長期投資（ESG・無形資産投資）研究会」報告書（伊藤レポート2.0/価値共創ガイダンス）
2018年9月	コーポレート・ガバナンス・システムに関する実務指針（CGSガイドライン）改訂版
2018年12月	気候関連財務情報開示に関するガイダンス（TCFDガイダンス）
2019年6月	CGS研究会（第2期）報告書 グループ・ガバナンス・システムに関する実務指針（グループガイドライン）
2019年6月	公正なM&Aの在り方に関する指針−企業価値の向上と株主利益の確保に向けて−
2020年2月	ハイブリッド型バーチャル株主総会の実施ガイド
2020年7月	「新時代の株主総会プロセスの在り方研究会」報告書
2020年7月	社外取締役の在り方に関する実務指針（社外取締役ガイドライン）
2020年7月	事業再編実務指針〜事業ポートフォリオと組織の変革に向けて〜（事業再編ガイドライン）
2020年7月	気候関連財務情報開示に関するガイダンス2.0（TCFDガイダンス2.0）

| 2020 年 9 月 | 持続的な企業価値の向上と人的資本に関する研究会報告書～人材版伊藤レポート～ |
| 2021 年 2 月 | ハイブリッド型バーチャル株主総会の実施ガイド（別冊）実施事例集 |

3　コードの策定・改訂の経緯

(1)　コード策定の経緯

　コーポレートガバナンス・コードは、我が国の成長戦略の一環として、2015 年に策定された。

　2013 年 6 月 14 日に第 2 次安倍内閣において閣議決定された「日本再興戦略―JAPAN is BACK」は、民間の力を最大限引き出すことが「成長への道筋」であると位置付ける中、「コーポレートガバナンスを見直し、公的資金等の運用のあり方を検討する」方針を打ち出した。そのための主要施策例の一つとして、スチュワードシップ・コードについて検討し取りまとめるとの方針が示され、2014 年のスチュワードシップ・コードの策定に結実した。

　その翌年、2014 年 6 月 24 日に閣議決定された「『日本再興戦略』改訂2014―未来への挑戦―」は、コーポレートガバナンスのさらなる強化が日本産業再興のために必要であるとの見地から、以下のように、コーポレートガバナンス・コードを策定する方針を明言した。「コーポレートガバナンスは、企業が、株主をはじめ顧客・従業員・地域社会等の立場を踏まえた上で、透明・公正かつ迅速・果断な意思決定を行うための仕組みである。コーポレートガバナンスに関する基本的な考え方を諸原則の形で取りまとめることは、持続的な企業価値向上のための自律的な対応を促すことを通じ、企業、投資家、ひいては経済全体にも寄与するものと考えられる。こうした観点から、上場企業のコーポレートガバナンス上の諸原則を記載した『コーポレートガバナンス・コード』を策定する」。

　閣議決定の内容は、コーポレートガバナンス・コードの策定にあたっての具体的な方針にも及んでいた。すなわち、OECD コーポレートガバナンス原則を踏まえる旨や、「東京証券取引所の上場規則により、上場企業

に対して"Comply or Explain"（原則を実施するか、実施しない場合にはその理由を説明するか）を求める」との方針が示された。コード策定の主体や期限についても、「東京証券取引所と金融庁を共同事務局とする有識者会議において、秋頃までを目途に基本的な考え方を取りまとめ、東京証券取引所が、来年の株主総会のシーズンに間に合うよう新たに『コーポレートガバナンス・コード』を策定することを支援する」ものとされた。

　これを受けて、東京証券取引所と金融庁を共同事務局とする「コーポレートガバナンス・コードの策定に関する有識者会議」（以下「コード策定時有識者会議」という）が2014年8月7日に設置された。同有識者会議は、計8回にわたり議論を重ねた上で、2014年12月12日にコード原案のパブリックコメント案を取りまとめた。その後にパブリックコメント手続を行い、寄せられた意見を踏まえて、2015年3月5日にコード原案を確定した。この手続と並行して、各地の証券取引所が、コードの策定に伴う上場制度の整備についてパブリックコメント手続を行い、その結果を踏まえて上場規則を改訂した。

　コーポレートガバナンス・コードの適用は、2015年6月1日から開始された。

(2)　コード改訂（2018年）の経緯

　2015年の金融行政方針では、スチュワードシップ・コード及びコーポレートガバナンス・コードの策定は企業統治改革のゴールではなくスタートであるとされた。その上で、「形式」から「実質の充実」へと次元を高めるべく、フォローアップ会議を設置して、企業経営者、内外投資家、研究者等の有識者による議論・提言や、ベストプラクティスを情報発信しながら、上場会社全体のコーポレートガバナンスの更なる充実を促していくとの方針が示された。

　この方針に従い、東京証券取引所と金融庁を共同事務局としてフォローアップ会議が設置された。同会議からは、2015年10月、2016年2月、2016年11月にそれぞれフォローアップ会議意見書(1)～(3)が公表され、上場会社や機関投資家によるコーポレートガバナンス改革への対応について

の課題等が指摘された。

　これらのうち、フォローアップ会議意見書(3)では、運用機関とアセットオーナーに求められる取組みが示されると共に、意見書の内容を踏まえてスチュワードシップコードを改訂することが提言された。この提言を受けて、2017年1月から3月にかけてスチュワードシップ・コードに関する有識者検討会が開催された。同検討会での議論を踏まえ、2017年3月28日にコードの改訂案が公表され、パブリックコメント手続を経て、2017年5月29日に改訂版スチュワードシップ・コードが公表された。

　フォローアップ会議意見書(1)及び同(2)で指摘されたコーポレートガバナンスに関する課題等については、2017年10月から2018年3月にかけて、フォローアップ会議が開催され、コーポレートガバナンス改革の進捗状況の検証が重ねられた。同会議での議論を踏まえ、2018年3月26日に「コーポレートガバナンス・コードの改訂と投資家と企業の対話ガイドラインの策定について」と題する提言（以下「2018年改訂提言」という）が公表された。この提言では、コーポレートガバナンス改革の一層の深化へと向けたコーポレートガバナンス・コードの改訂と、両コードの実効的な「コンプライ・オア・エクスプレイン」を促すため、機関投資家と企業の対話において重点的に議論することが期待される事項を取りまとめた対話ガイドラインの策定が、それぞれ提言された。

　この提言に沿ってパブリックコメント手続が行われ、その結果を踏まえて2018年5月29日にコーポレートガバナンス・コードの改訂版と対話ガイドラインが公表された。同年のコード改訂の主なポイントは、表2のとおりである。

＜表2　2018年のコード改訂における主なポイント[11]＞

主な課題	主な改訂内容	関連する原則等
経営環境の変化に対応した経営判断、投資戦略・財務管理の方針	・事業ポートフォリオの見直しなどの果断な経営判断とそれに基づく方針の明確化 ・自社の資本コストの的確な把握 ・戦略的・計画的な設備投資・研究開発投資・人材投資等の実施 ・手元資金の活用を含めた適切な財務管理の方針の策定・運用	原則 5-2 対話ガ 1-1〜1-3、2-1、2-1
CEO の選解任	・客観性・適時性・透明性ある CEO の選解任プロセスの確立（独立した指名委員会の活用等） ・経営陣の報酬決定	補充原則 4-1③、4-2①、4-3②、4-3③、4-10①、原則 3-1 対話ガ 3-1〜3-5
取締役会の機能発揮等	・取締役会の機能発揮に向けた十分な知識・経験・能力とジェンダー・国際性等の多様性の確保	原則 4-11 対話ガ 3-6、3-7、3-10、3-11
政策保有株式	・政策保有株式の保有目的や保有に伴う便益・リスクの検証、方針の明確化	原則 1-4、補充原則 1-4①、1-4② 対話ガ 4-1〜4-4
アセットオーナー	・自社の企業年金における運用に関する資質を備えた人材の計画的な登用・配置などの母体企業としての取組み	原則 2-6 対話ガ 5-1
適切な情報開示	・非財務情報に ESG 要素に関する情報が含まれる旨の明確化 ・企業が利用者にとって付加価値の高い記載となるようにすべき情報開示に、有価証券報告書などの法令に基づく開示も含まれることの明確化	基本原則 3・考え方 補充原則 3-1①

---

11)　田原ほか・5頁参照。

⑶ コード改訂（2021年）の経緯

「未来投資戦略 2018」においては、2018 年のコーポレートガバナンス・コード改訂における主な改訂点に係る状況をフォローアップしつつ、投資の流れにおける各主体の機能発揮に向けた方策を検討するとの方針が示された。これを受けて、2018 年 11 月より 2019 年 4 月までフォローアップ会議が開催され、企業側と投資家側の双方について更なる課題が存在することが指摘された。こうした指摘を受けて、2019 年 4 月 24 日に、フォローアップ会議より、「コーポレートガバナンス改革の更なる推進に向けた検討の方向性（「スチュワードシップ・コード及びコーポレートガバナンス・コードのフォローアップ会議」意見書⑷）」（以下「フォローアップ会議意見書⑷」という）が公表された。

同意見書では、スチュワードシップに関して、運用機関、企業年金等のアセットオーナー、サービスプロバイダー（議決権行使助言会社、運用コンサルタント）のそれぞれについて課題が指摘された。また、コーポレートガバナンスに関しては、監査に対する信頼性の確保とグループガバナンスのあり方について課題が指摘された。

これらのうち、スチュワードシップに関する課題については、スチュワードシップ・コードに関する有識者検討会（令和元年度）が 2019 年 10 月から 12 月にかけて開催され、スチュワードシップ・コードの再改訂案が 2019 年 12 月 20 日に公表された。その後、パブリックコメント手続の結果を踏まえて、再改訂版スチュワードシップ・コードが 2020 年 3 月 24 日に公表された。

コーポレートガバナンスに関する課題については、2020 年 7 月公表の成長戦略フォローアップで、コーポレートガバナンス・コードについて「2021 年中に改訂を行う」との方針が示された。また、2022 年 4 月の東京証券取引所の市場構造改革の実施に向けて、コーポレートガバナンス・コードにより、プライム市場にふさわしい一段高いガバナンスの水準を求めていくべきとの方向性があわせて示された。

こうした動きを受けて、2020 年 10 月よりフォローアップ会議が開催され、コーポレートガバナンス・コードの再改訂に向けた議論が進められた。

同年12月には、フォローアップ会議より、コーポレートガバナンス・コードの再改訂の方向性を示すものとして、コロナ後の企業の変革に向けた取締役会の機能発揮及び企業の中核人材の多様性の確保（「スチュワードシップ・コード及びコーポレートガバナンス・コードのフォローアップ会議」意見書(5)）（以下「フォローアップ会議意見書(5)」という）が公表された。同意見書では、取締役会の機能発揮に関して、プライム市場上場会社においては独立社外取締役を取締役会の3分の1以上とすべき等の考え方が示された。また、ダイバーシティとの関連で、上場会社に対し、女性・外国人・中途採用者の管理職への登用等、中核人材の登用等における多様性の確保についての考え方と自主的かつ測定可能な目標を示すとともに、その状況の公表を求めるべき等の考え方が示された。

　その後も、2021年3月まで、フォローアップ会議において、グループガバナンスと資本効率や、サステナビリティに関する取組み、監査の信頼性確保などのテーマについて議論が行われた。こうした議論を踏まえて、同年4月6日、「コーポレートガバナンス・コードと投資家と企業の対話ガイドラインの改訂について」（以下「2021年改訂提言」という）が、フォローアップ会議において取りまとめられた。この提言に沿って、同年4月7日より5月7日までパブリックコメント手続が行われ、寄せられた意見を踏まえ、6月11日に再改訂版コーポレートガバナンス・コードと改訂版対話ガイドラインが公表された。同年のコード改訂の主なポイントは、表3のとおりである。

<表3　2021年のコード改訂における主なポイント[12]　>

主な課題	主な改訂内容	関連する原則等
取締役会の機能発揮	プライム市場上場会社において、独立社外取締役を3分の1以上選任（必要な場合には、過半数の選任の検討を慫慂）	原則4-8

---

12)　島崎ほか・6頁参照。

	指名委員会・報酬委員会の設置（プライム市場上場会社は、独立社外取締役を委員会の過半数選任）	補充原則 4-10①
	経営戦略に照らして取締役会が備えるべきスキル（知識・経験・能力）と、各取締役のスキルとの対応関係の公表 他社での経営経験を有する経営人材の独立社外取締役への選任	補充原則 4-11①
企業の中核人材における多様性の確保	管理職における多様性の確保（女性・外国人・中途採用者の登用）についての考え方と測定可能な自主目標の設定 多様性の確保に向けた人材育成方針・社内環境整備方針をその実施状況とあわせて公表	補充原則 2-4①
サステナビリティ	サステナビリティについて基本的な方針を策定し自社の取組みを開示 プライム市場上場会社において、TCFD またはそれと同等の国際的枠組みに基づく気候変動開示の質と量を充実　等	補充原則 2-3①、3-1③、4-2②
その他の主要課題	プライム市場に上場する「子会社」において、独立社外取締役を過半数選任または利益相反管理のための委員会の設置	補充原則 4-8③
	グループ全体を含めた適切な内部統制や全社的リスク管理体制の構築やその運用状況の監督 内部監査部門が取締役会及び監査役会等に対しても適切に直接報告を行う仕組みの構築	補充原則 4-3④、4-13③
	プライム市場上場会社において、議決権電子行使プラットフォーム利用と英文開示の促進他	補充原則 1-2④、3-1②
	取締役会で決定された事業ポートフォリオに関する基本的な方針や見直しの状況の説明	4-2②、5-2①

4　特徴

(1)　プリンシプルベース

　プリンシプルベース・アプローチとは、一見、抽象的で大づかみな原則

について、関係者がその趣旨・精神を確認し、互いに共有した上で、各自、自らの活動が、形式的な文言・記載でなく、その趣旨・精神に照らして適切か否かを判断することをいう[13]。

　プリンシプルベース・アプローチの意義を理解する上では、これに対応する概念であるルールベースの意義を踏まえることが有益である。ルールベースの下では、ある行為がルールに沿っているか否かについて明確な基準が示される。例えば、自動車の制限速度を時速 60 km とするとか、騒音基準を 70 db 以下とするなどが、典型的なルールベースに基づく規範の例として挙げられる。こうしたアプローチは、明確性や予見可能性の確保という点において優れるものの、柔軟性に欠けるし、規制の対象範囲が過大・過小となりがちである。また、個別の状況や社会の変化に応じて妥当な結果を導こうとすると、内容を詳細に書き分ける必要が生じ、ルールが膨大となりがちであり、かつ頻繁に書き換える必要が生じがちである。例えば、制限速度であれば、日本全国津々浦々に速度標識を立てたり、天候に応じて高速道路の制限速度表示を変更する等の必要が生じる。さらに、「規制の文言に違反していなければ何をしてもよい」といった理解の下で、制度の「抜け穴」を狙う行動を招きがちとなる。

　これに対して、プリンシプルベースの下では、「抽象的で大づかみな原則」により規範が示される。例えば、速度制限や騒音基準を具体的に数値で示すことに代えて、「合理的かつ適切な速度で運転しなければならない」、「近隣住民の受忍限度を超える騒音を生じさせてはならない」といった形で規範を示すことが、その典型例として挙げられよう。この場合には、事案に応じた柔軟な解釈が可能となり、規制の対象範囲が過大・過小となるおそれや、詳細かつ頻繁に内容を書き分ける必要も小さくなる。他方で、プリンシプルベースにおいて示される規範は、ルールベースにおけるそれよりも解釈の幅が広いため、その対象者が、原則の趣旨・精神を充分に理解した上で、自らの活動が当該原則に則しているか否かを主体的に判断してゆくことが求められる。また、プリンシプルベースにおいて示される規

---

13)　コード原案序文 10 項。

範の抽象度が高まるほど、明確性や予見可能性の確保が困難となる。その程度によっては、法的なサンクションを付そうとすると、罪刑法定主義や適正手続の原則等との関係で問題を生じかねない[14]。

　プリンシプルベースとルールベースの意義及び長所・短所については、法と経済学の分野におけるスタンダードとルールを巡る議論が参考となる[15]。そこでは、スタンダードは、規制の分量が少なく、その導入が相対的に低コストで済む一方で、規制の解釈に幅があるため、その解釈や適用が相対的に大変となると指摘されている。これに対して、ルールは、規制の分量が多く、その導入に相対的に手間がかかる一方で、いったん導入してしまえば、規制の解釈の幅が狭いため、その解釈や適用は相対的に容易となると指摘されている。こうした特性に照らせば、ルール・ベースの規制は、同種の事件が大量反復的に生じ、相対的に変化の早くない領域により適するといえよう。反対に、プリンシプルベースの規制は、紛争の種類が多様で個別性が高く、変化の激しい領域により適するということができよう（表4参照）。

<表4>

	ルールベース	プリンシプルベース
規制の分量	多	少
予見可能性	○高い	×低い
法的制裁を科すことの可否	○容易	×困難あり （罪刑法定主義上の制約）
柔軟性	×低い	○高い

---

14)　実際に、米国のモンタナ州では、かつて具体的な速度制限に代えて「合理的かつ適切な速度を超える速度で運転してはならない」といった規定により速度制限が行われていたところ、当該規定が適正手続（デュー・プロセス）に違反するとして、同州最高裁により違憲無効とされたことがある。See State v. Stanko, 974 P. 2d 1132 (Mont. 1998).

15)　See, e. g., Cass R. Sunstein, Problems with Rules, 83 Cal. L. Rev. 953 (1995); Louis Kaplow, Rules versus Standards: An Economic Analysis, 42 Duke L. J. 557 (1992); Pierre J. Schlag, Rules and Standards, 33 UCLA L. Rev. 379 (1985).

規制の導入コスト	×高コスト	○低コスト
規制の解釈コスト・紛争時のコスト	○低コスト	×高コスト
規制の対象	同種の事件が大量反復的に生じ、変化の早くない領域に適する	紛争の種類が多様で個別性が高く、変化の激しい領域に適する

　ルールベースとプリンシプルベースは、必ずしも二者択一の関係にあるわけではない。現実の規範の体系においては、これらの両アプローチが混在しているのが通常である。コーポレートガバナンスの分野においても、英国をはじめとする主要国の大半は、自国の会社法や金融法をはじめとするルールベース中心の規制とあわせて、コーポレートガバナンス・コードを導入し、プリンシプルベースの手法を用いて、通常の法令よりも抽象度の高い形で規範を示している。こうした取組みは、両方の手法を適切に使い分けようとする試みの一例として理解することができる。

　なお、このように規範を抽象度の高い形で示しながら、通常の法令と同様に法的なサンクションを付そうとすると、上述のように罪刑法定主義等との関係で問題を生じかねない。そのため、各国のコードの大半においては、ソフトローとしての位置付けがなされており、法的なサンクションを課すことに代えて、市場の規律を通じてコードの実施を促してゆくという整理がなされている。

　我が国のコーポレートガバナンス・コードも、OECD コーポレートガバナンス原則の内容を踏まえてプリンシプルベース・アプローチを採用し、個々の用語について厳格な定義を置くことを見送っている。そのため、個々の用語の解釈に際しては、各会社において、各原則の趣旨・精神の十分な理解の下、「当社において各原則の趣旨・精神を全うするためには、これらの用語をどのように解釈することが適切か」といった観点から、いわばゴールから遡って考えていくような対応が求められる。

　コーポレートガバナンス・コードにおいて、上場会社の行動がプリンシプルベースの趣旨・精神やその背景にある理念等に沿っていないと関係者

が考える場合には、ソフトローの枠組みの下で、会社との対話によって解決が図られることが基本となる。そのため、プリンシプルベース・アプローチの実効性を確保する上では、会社との対話等を行う株主等のステークホルダーの側においても、各原則の趣旨・精神やその背景にある理念等についての理解が求められる。用語の解釈についても、まずは各会社の考え方を尊重しつつ、仮に見解が異なるところがあれば、対話において共通の理解を探っていく、といった対応をとることが期待される。

　また、各原則の趣旨・精神やその背景にある理念等について、関係者の間で理解の共有が図られるようにとの観点から、コーポレートガバナンス・コードは、一見、至極当たり前とも思えるような原理・原則をいくつか定めている。これらの原則について、ルールベース・アプローチの規律に通常求められるような、いわば「規律としての具体的な意味合い」を見出そうとすると、場合によっては、「具体的に何をすれば、この原則を実施（コンプライ）したことになるのか」といった疑問が生じ、自縄自縛に陥りかねない。コードの各原則の解釈に当たっては、必ずしも、全ての原則が、各会社に対して新たに何か特別なアクションを求める前提で記載されているわけではないことを踏まえる必要がある。

　また、プリンシプルベース・アプローチの下で示される抽象的な原則については、その解釈に唯一無二の正解が存在するわけではない。各社には、自らの置かれた状況に応じて取組みの内容を画定してゆくことが求められる。各原則について、コンプライ（実施）せずその理由をエクスプレイン（説明）するという対応も可能であることにも照らせば、コードへの対応には、ルールベースの規制への対応とは異なり、相当程度の裁量の幅が存在するといえる。

(2)　コンプライ・オア・エクスプレイン

　コンプライ・オア・エクスプレインとは、ある規範の実施を一律に義務付けるのではなく、規範を実施するか、実施しない場合には、その理由を説明するかを求める手法をいう。

　上場会社各社にとって最適なガバナンス上の取組みは、各社の置かれた

経営環境や競争力の源泉、事業の規模・内容等に応じて異なり得る。こうした上場会社に対して、各社の実情を考慮せず、一律に特定の取組みを義務付けることは、必ずしも望ましい結果をもたらさない可能性がある。例えば、スポーツ選手でも、競技種目や自分の体質、プレースタイルによって、目指すべき肉体像は異なり得る。マラソン選手はバーベル上げ選手ほど筋力トレーニングを必要としないであろうし、同じサッカー選手でも、キーパーとフォワードでは持久力の重要性が異なってくる。ここで、一律に特定のガバナンス上の取組みを義務付けることは、マラソン選手とボディビル選手に同内容の筋力トレーニングを課すのに似て、過度の負担や非効率性の問題を生じさせかねない。また、これらの問題を回避すべく、一律の義務付けの水準を低いものに留めようとすると、ガバナンスの実効性を十分に確保することが困難となりかねない。

　このような観点からは、特定のガバナンス上の取組みを一律に義務付ける手法のみに頼るのは、必ずしも賢明ではない。むしろ、実施することが望ましいと一般に考えられるガバナンス体制を示しつつ、各会社において、一部の原則につき、自らの置かれた環境等に照らして実施（コンプライ）することが適当でないと考える場合には、それを「実施しない理由」を十分に説明（エクスプレイン）するならば、一部の原則を実施（コンプライ）しないことも許容されるといった手法をあわせて活用することで、より良い結果が導かれると期待することができる。

　こうしたコンプライ・オア・エクスプレインの意義に照らせば、上場会社によるコーポレートガバナンス・コードへの対応において、「実施（コンプライ）ありき」の考え方に基づいて形を整えることばかりを優先することは、必ずしも適当ではない。上場会社においては、「各原則の趣旨・精神を踏まえ、自らのガバナンス上の課題の有無を検討し、自律的に対応する」（コード原案序文第8項）ことが強く期待されている。

　上場会社によるコーポレートガバナンス・コードへのコンプライやエクスプレインの内容が適切でないと機関投資家その他の関係者が考える場合には、基本的に、会社との対話によって解決が図られることとなる[16]。このような株主との対話が適切に行われるようにとの観点から、コード原案

は、「本コード（原案）の各原則の文言・記載を表面的に捉え、その一部を実施していないことのみをもって、実効的なコーポレートガバナンスが実現されていない、と機械的に評価することは適切ではない」としている（序文12項）。こうした趣旨を踏まえ、機関投資家においては、各原則が実施（コンプライ）されているか否かという結果ばかりを短絡的に偏重することによって、上場会社の形式的な対応を助長することのないよう、十分な配慮が求められる[17]。

　上場会社が、コードの各原則を実施しておらず、かつ、その理由の説明を行っていない場合には、実効性確保手段の対象となる。コーポレートガバナンス報告書の記載内容は、適時開示と同様に有価証券上場規程412条が適用されるため、明らかな虚偽の内容を含む悪質な開示などは当該規程の違反となる[18]。

(3)　攻めのガバナンス

　コーポレートガバナンス・コードは、我が国の成長戦略の一環として策定された。この位置付けを反映して、コード原案の序文では、会社の意思決定の透明性・公正性を担保しつつ、これを前提とした会社の迅速・果断な意思決定を促すことを通じて、いわば「攻めのガバナンス」の実現を目指すとの考え方が示されている。その上で、会社におけるリスクの回避・抑制や不祥事の防止といった側面を過度に強調するのではなく、むしろ健全な企業家精神の発揮を促し、会社の持続的な成長と中長期的な企業価値

---

16)　英国でも、企業のコンプライ又はエクスプレインの内容が株主によって注意深く検証されてはじめて、コンプライ・オア・エクスプレインの枠組みが実効的に機能し得る旨が指摘されている。*See* Roger Carr, *Adherence to the spirit*, in Comply or Explain 20th anniversary of the UK Corporate Governance Code, *supra* note 1, at 15.

17)　油布志行・浜田宰「当局解説「コーポレートガバナンス・コード原案」の解説」経理情報1411号22頁。

18)　東京証券取引所「コーポレートガバナンス・コードの策定に伴う上場制度の整備について」に寄せられたパブリック・コメントの結果について」（2015年5月13日）6番・7番。佐藤寿彦「コーポレートガバナンス・コードの策定に伴う上場制度の整備の概要」商事法務2065号59頁も参照。

の向上を図ることに主眼を置いているとの考え方が示されている（コード原案序文 7 項）。

　こうしたコードの位置付けを踏まえて、コードの冒頭では、「コーポレートガバナンスとは、会社が、株主をはじめ顧客・従業員・地域社会等の立場を踏まえた上で、透明・公正かつ迅速・果断な意思決定を行うための仕組みを意味する」との定義が置かれている。また、コードの各原則においても、健全な企業家精神の発揮や適切なリスクテイクを促す旨の内容がいくつか定められている[19]。

コラム：ソフトローという規制手法の動向

　コーポレートガバナンス・コードとスチュワードシップ・コードにおいて採用されているソフトローという規制手法は、英国で発展した。その源流は、1992 年に英国で公表されたキャドバリー・レポートにまで遡ることができる。その特徴は、刑罰を強制力の裏付けとせずに、対象者に対して、可能な範囲での自主的な対応を促すという点にある。このように、ソフトローによってコーポレートガバナンスの向上を図るという規制手法は、先進国（ただし米国を除く）や、マレーシア・シンガポール・香港等のアジア諸国を含む各国・法地域へ急速に広まった。OECD Factbook 2021 によれば、調査対象である 50 カ国のうち 48 カ国において、ソフトローを用いたコーポレートガバナンス・コードを国家が制定している。また、47 カ国がコンプライ・オア・エクスプレインというアプローチ、またはそのバリエーションを採用している[20]。

　我が国でも、スチュワードシップ・コードとコーポレートガバナンス・コードが、2014 年と 2015 年にそれぞれ策定された。その後、同様のアプローチによって、監査法人ガバナンス・コード[21] や国立大学法人ガバナンス・コード[22]、スポーツ団体ガバナンスコード[23] が策定されている。近時の報道によ

---

19)　基本原則 4(2)、原則 4-2、補充原則 4-2①等。

20)　OECD Factbook 2021, P. 34.これによれば、調査対象国のうち国家が制定したガバナンス・コードを有しない国は米国とインドの 2 カ国である。なお、中国では、コードに拘束力があるとされており、コンプライ・オア・エクスプレインまたはその派生型のアプローチを用いていない。このほか、コスタリカ、イスラエル、メキシコ、サウジアラビア、トルコの 5 カ国は、拘束力のあるコードと任意の手段を提供するコードが混在するシステムを採用している。

21)　監査法人のガバナンス・コードに関する有識者検討会「監査法人の組織的な運営に関する原則」（監査法人のガバナンス・コード）（2017 年 3 月 31 日）。

れば、自由民主党においては政党ガバナンスコードの作成へ向けた検討が進められているとのことである。我が国においても、ソフトローを用いてガバナンスを規律するという規制手法は一定の拡がりをみせているといえよう。

　ガバナンスの向上へ向けた取組みは、必ずしもワン・サイズ・フィッツ・オールではない。ある目的の実現のために多様な取組みが認められることが望まれる。その意味において、ガバナンスの規律においてソフトローの手法が幅広く用いられることには一定の合理性が認められる。他方で、法的制裁の裏付けをもって、ある規範の遵守を強制することができないとなれば、対象となる組織・団体がどのようにコードへ対応しているかを誰がモニタリングするのか、そしてコードの趣旨・精神に照らして真に適切な対応をどのように促していくのかが、制度の実効性確保の観点からは重要となる[24]。

　我が国のコーポレートガバナンス改革においては、企業と投資家との間の建設的な対話を通じて、上場会社がコーポレートガバナンス・コードの趣旨・精神に沿った適切な対応を行うことが想定されている。このような対話を促す観点から、スチュワードシップ・コードは、機関投資家に対して、投資先企業との間で持続的な成長に向けた建設的な対話を行うよう促している。その意味で、コーポレートガバナンス改革の実効性を確保する上で、機関投資家をはじめとする投資家・株主には大きな期待が寄せられている。これは、2000年代以降に、我が国の資本市場においていわゆる所有の機関化と再集中化が進んだことにより、機関投資家の上場会社に対する存在感が高まったことの帰結でもあるとみることができる。

　他方で、日本の上場会社の時価総額が全世界の株式時価総額に占める割合が、1991年の約25％から2020年には5％強に低下する中で、日本企業との対話に対して機関投資家が割くことのできるリソースも減少していることが指摘されている。パッシブ運用の拡がりに伴い、個別銘柄の詳細な調査・分析を機関投資家が従前ほど行わなくなり、個社の事情を踏まえた対話が行われなくなり

---

22)　文部科学省・内閣府・国立大学協会「国立大学法人ガバナンス・コード」（2020年3月30日）。このほか、「私立大学ガバナンス・コード」を、2019年6月25日に一般社団法人日本私立大学連盟が策定している。

23)　スポーツ庁「スポーツ団体ガバナンスコード＜中央競技団体向け＞」2019年6月10日）、同「スポーツ団体ガバナンスコード＜一般スポーツ団体向け＞」（2019年8月27日）。

24)　このようなモニタリングの取組みの一例として、例えば、オランダでは、コンプライ・オア・エクスプレインに関する開示等の正確性や遵守されない場合の説明を評価するための機関が設置されている（神作裕之「コーポレートガバナンス・コードの法制的検討－比較法制の観点から－」商事法務2068号23頁）。

つつあるとも言われている。その他にも、アクティビストの台頭など、資本市場の環境変化が様々な形で進む中で、「建設的な対話」を通じたモニタリングの機能をどのように確保していくのか、今後の取組みが注目される。

5　コードへの実務対応の考え方

(1)　自社の状況を踏まえること

　法令遵守の場面では、仮にある規範に違反すれば、刑事・行政上の制裁や民事上の責任等を伴いかねず、レピュテーションに与える影響も無視できない。違反の内容次第では、役員の善管注意義務違反といった問題も生じかねない。そのため、法令遵守に当たっては、全ての法令を遵守することが出発点となる。解釈に幅があり、違法であるか否かの判断が分かれ得る領域においても、弁護士から法律意見書等を取得し、法令違反リスクが合理的な水準に留まっていることを確認するなど、適法性の担保へ向けた対応が必要となる。

　これに対して、コーポレートガバナンス・コードは、法令とは異なり、法的拘束力を有する規範ではない。その実施に当たっては、コンプライ・オア・エクスプレインの手法が採用されている。自社の置かれた環境に照らして、中長期的な企業価値の向上の観点から、望ましくないと自社が考える規範については、むしろ積極的にエクスプレインを選択することが期待されている。上場会社としても、全原則を実施することを当然視するのではなく、自社の置かれた状況に照らして、中長期的な企業価値の向上につながるかという観点から、各原則を実施するか否かを判断することが望ましい。法令遵守の場面でのように「満点」の対応を目指すことは、必ずしも望ましいとはいえない。

　また、コードはプリンシプルベースの手法を採用し、抽象的で大掴みな原則の形で規範を示している。その履行の態様は、自社の業種、規模、事業特性、機関設計、会社を取り巻く環境など、自らの置かれた状況に応じて様々に異なり得る。ある会社にとって望ましい対応が、他社にとっても同様に望ましいとは、必ずしも限らない。時価総額1兆円超の企業において潤沢な人員・予算の下で行われている実務の全てを、時価総額50億円

前後の企業がそのまま導入しようとすれば、自社の経営資源に比して過大な負担となりかねない。コードへの対応を検討する上では、自社の置かれた状況に照らして適切な対応となっているかという視点を踏まえることが肝要である。

⑵　全社的な視点を保持すること

　コーポレートガバナンス・コードへの対応は、社内の幅広い部署に関連する。株主総会対応については総務部・法務部、多様性やサステナビリティへの対応については人事部やCSR部、開示・対話への対応については財務部・広報部・IR部、取締役会については取締役会事務局、資本効率や事業ポートフォリオについては財務部・経営企画部などが関連してこよう。こうした多数の部署が、個別にコードへの対応を進めていくと、全社的な視点の保持が難しくなりがちである。中長期的な企業価値の向上の観点から望ましい対応が何であるかを、各部署が個別に判断しようとすれば、個々の対応に不整合が生じやすい。また、コンプライすることが自己目的化しかねず、中長期的な企業価値の向上という目的が見失われかねない。

　こうした問題を回避する観点からは、コーポレートガバナンスへの対応全般を全社的に横串で検討することを可能とする社内体制を構築することが有用であろう。その例としては、取締役会事務局など、全社的な視点と中長期的な企業価値の向上という視点を保持しやすい部署を統括部署としたり、ガバナンスの担当役員を定めるといった対応などが考えられよう。

⑶　改善への取組みを継続すること

　コーポレートガバナンス・コードへの対応それ自体を目的とするのであれば、コードのある原則への対応を完了したら、その原則が改訂されるまでは同じ取組みを続けることも選択肢となり得る。しかし、中長期的な企業価値の向上を目的とするのであれば、会社の置かれた状況の変化に応じて、コードへの取組みをも継続的に見直すことが重要となる。

　コーポレートガバナンスへの取組みにおいて、何が望ましい対応であるかは、各社によって様々であるだけではない。同じ会社であっても、状況

の変化と共に、何が望ましい対応であるかは変化し得る。経営戦略が変われば、その実行を適切に監督するための取締役会のあり方も変化する。この変化に対応して、取締役会の構成やスキルの組合せ、取締役会から経営陣への委任の範囲や、任意の委員会の役割等を見直していくことこそが、形式的でない対応を進める上で重要となる。例えば、多様性の確保へ向けた取組みにおいて、管理職における女性等の比率の推移を継続的に確認し、必要に応じて追加的な取組みを行うことが期待される会社も多いであろう。

　また、取締役会の機能発揮を図る上では、継続的な取締役会評価の取組みが有用となる。取締役会評価を、より良い取締役会を目指す上での課題は何かを特定する機会として活用し、課題の解消へ向けた取組みを行うと共に、その取組みの状況を翌年の評価の対象とすることで、継続的な改善を図ることが期待される。同様に、コードへの対応として、コーポレートガバナンス・ガイドラインを作成したり社内規程を見直した場合には、それをもって対応を済ませたとするのではなく、翌年以降にも、取締役会評価等の機会を用いて、それらの規程が作成・見直しの趣旨に沿って運用されているかを継続的に確認していくことが期待される。

⑷　開示と対話への取組み

　コーポレートガバナンスの取組みは、各社によって異なり得る。その内容を株主やその他のステークホルダーが適確に把握できるようにするためには、自社の特徴や考えが伝わるような開示を工夫することが重要となる。機関投資家は、多数の会社の開示書類を日常的に比較検討しており、ひな型的な表現や表層的な説明を何度も目にしている。社名や固有名詞を伏せたら、どの会社の説明としても通用するような開示内容では、投資家の関心を掴むことも、深度ある対話への契機とすることも適わない。令和の時代においても総会屋が跋扈した頃の実務を継続するのではなく、今日の資本市場に向き合うマーケティング的視点を持つことが期待される。機関投資家と企業との建設的な対話を充実させていく観点からは、実施しない原則についてその理由を説明するのに留まらず、実施している原則について、どのように実施しているかを説明すること（コンプライ・アンド・エクスプ

レイン）も有益であろう[25]。

　日本の資本市場では、開示書類が様々に分散している。まず、法定開示書類として、有価証券報告書、事業報告書・株主総会参考書類、コーポレートガバナンス報告書、決算短信等が存在している。さらに、統合報告書やサステナビリティ報告書などの任意開示書類も様々に存在する。これらの開示書類ごとの特性を踏まえつつ、投資家のニーズに応じた形で、情報の開示に取り組むことが、建設的な対話の基盤となる。その際には、コラム「有価証券報告書の総会前提出」（46頁）で後述するように、議決権行使基準日を決算日より後に設定し、有価証券報告書が株主総会の開催日前に提出されるようにすることも、有用な選択肢となるであろう。

　コードで特定の事項について開示を求めている原則の一覧は以下のとおりである。

原則 1-4	政策保有株式
原則 1-7	関連当事者間の取引
補充原則 2-4①	中核人材の多様性の確保
原則 2-6	企業年金のアセットオーナーとしての機能発揮
原則 3-1	情報開示の充実
補充原則 3-1③	サステナビリティ等に関する開示の充実
補充原則 4-1①	取締役会による経営陣に対する委任
原則 4-9	独立社外取締役の独立性判断基準及び資質
補充原則 4-10①	指名委員会・報酬委員会
補充原則 4-11①	取締役会が備えるべきスキル等
補充原則 4-11②	取締役・監査役の兼任状況
補充原則 4-11③	取締役会の実効性評価
補充原則 4-14②	取締役・監査役に対するトレーニングの方針
原則 5-1	株主との建設的な対話に関する方針

---

25)　対話ガイドライン脚注1参照。

▶第二　各原則の解説

▶第1章　株主の権利と平等性の確保

基本原則1

> 　上場会社は、株主の権利が実質的に確保されるよう適切な対応を行うとともに、株主がその権利を適切に行使することができる環境の整備を行うべきである。
>
> 　また、上場会社は、株主の実質的な平等性を確保すべきである。
>
> 　少数株主や外国人株主については、株主の権利の実質的な確保、権利行使に係る環境や実質的な平等性の確保に課題や懸念が生じやすい面があることから、十分に配慮を行うべきである。

> **考え方**
>
> 　上場会社には、株主を含む多様なステークホルダーが存在しており、こうしたステークホルダーとの適切な協働を欠いては、その持続的な成長を実現することは困難である。その際、資本提供者は重要な要であり、株主はコーポレートガバナンスの規律における主要な起点でもある。上場会社には、株主が有する様々な権利が実質的に確保されるよう、その円滑な行使に配慮することにより、株主との適切な協働を確保し、持続的な成長に向けた取組みに邁進することが求められる。
>
> 　また、上場会社は、自らの株主を、その有する株式の内容及び数に応じて平等に取り扱う会社法上の義務を負っているところ、この点を実質的にも確保していることについて広く株主から信認を得ることは、資本提供者からの支持の基盤を強化することにも資するものである。

　コーポレートガバナンス・コードは、第1章において、「株主の権利と平等性の確保」を掲げている。これは、第1章の考え方にも示されているように、コーポレートガバナンスの規律における主要な起点である株主について、その権利と平等性の実質的な確保の重要性を踏まえたものであ

る[1]。コードの策定に当たって OECD コーポレートガバナンス原則を踏まえるものとされたことを受けて、コード策定当時の OECD コーポレートガバナンス原則の第 1 章及び第 2 章に対応する章として、本章が定められた。

本基本原則は、上場会社に対して、以下の対応を求めている。

 ㈠　株主の権利が実質的に確保される適切な対応

 ㈡　株主の適切な権利行使のための環境整備

 ㈢　株主の実質的な平等性の確保

 ㈣　少数株主や外国人に対する十分な配慮

これらの内容は、いずれも抽象度の高い記述となっている。何をすれば「適切な対応」や「十分な配慮」といえるかなど、具体的な対応については各社によって判断に幅があり得る[2]。そのため、プリンシプルベースの下で、上場会社各社が、自らの活動が本基本原則の趣旨に照らして適切か否かを判断することが期待されていると考えられる（第一・4(1)参照）。

本基本原則の内容は、第 1 章の各原則や補充原則で相当程度具体化されている。そのため、第 1 章の各原則を適切に遵守することをもって、本基本原則が遵守されているとの整理にも、相当程度の合理性が認められよう。他方で、近時、企業不祥事や経営権を巡る紛争が生じた場合に、経営陣の行動が、本基本原則に定める適切な対応となっていないなどと指摘される例が生じている。こうした指摘がもたらすレピュテーション上の影響を回避する観点からは、平時だけでなく、いわゆる有事や非常時の場合においても、株主の権利や平等性に関連する意思決定に際して、上述の各対応を取っているとステークホルダーへ合理的に説明できるか否かを、社内で十分に議論することが期待される。

---

1)　油布ほかⅠ・51 頁。

2)　澤口・内田・小林 19 頁は、基本原則は上場会社であれば通常は実施すべきと考えられる基本的な考え方を示したものであり、その内容に鑑みると、基本原則を実施しない合理的な理由を見出してエクスプレインを行うことは事実上困難であるとも考えられると述べている。

原則 1-1

【原則 1-1．株主の権利の確保】

　上場会社は、株主総会における議決権をはじめとする株主の権利が
実質的に確保されるよう、適切な対応を行うべきである。

　本原則は、上場会社に対して「株主総会における議決権をはじめとする
株主の権利が実質的に確保されるよう、適切な対応を行うこと」を求めて
いる。この内容は、基本原則 1 の一文目の前半で求められている内容とほ
ぼ同一であるが、「株主総会における議決権をはじめとする」と例示して
いる点で異なる。

　本原則は、基本原則 1 と同様に抽象度の高い記述となっており、何をす
れば「適切な対応」といえるかについては各社によって判断に幅があり得
る。そのため、プリンシプルベースの下で、上場会社各社において、自ら
の活動が本原則の趣旨に照らして適切か否かを判断することが期待されて
いる（第一・4⑴参照）[3]。その際の考慮事項としては、例えば、補充原則
1-1①〜1-1③を適切に実施しているか（実施していない補充原則がある場合
には、その他の事情を総合的に勘案すれば株主の権利が実質に確保されている
と判断できるか）等も考慮の対象となり得るであろう。また、上場会社に
とって当然の責務ではあるが、会社法や上場規則に定められている株主の
権利確保のための対応を適切に行っているか否かも、考慮の対象となり得
るであろう。

　本原則では、「株主総会における議決権」はあくまで株主の権利の例と
して挙げられているのみであり、本原則の射程は株主の権利全般に及んで
いる。そのため、企業不祥事や経営権を巡る紛争が生じた場合には、基本
原則 1 だけでなく、本原則との関係でも、経営陣の行動が適切な対応とな
っているかについて、株主等のステークホルダーから疑義が呈される可能

---

[3]　中村・塚本・中野 29 頁は、「株主の権利を実質的に確保しない」という上場会社
　　は少ないと思われると述べた上で、本原則にコンプライしないという方向性は考え
　　難いと述べる。

性がある。平時に留まらず、いわゆる有事や非常時の場合においても、本
原則に照らして適切な対応を取っていると外部のステークホルダーへ十分
に説明できるかを、常に問うことが期待される。

補充原則 1-1①

> 1-1①　取締役会は、株主総会において可決には至ったものの相当数
> の反対票が投じられた会社提案議案があったと認めるときは、反対
> の理由や反対票が多くなった原因の分析を行い、株主との対話その
> 他の対応の要否について検討を行うべきである。

対話ガイドライン 4-1-1

> 4-1-1.　株主総会において可決には至ったものの相当数の反対票が
> 　　投じられた会社提案議案に関して、株主と対話をする際には、反対
> 　　の理由や反対票が多くなった原因の分析結果、対応の検討結果が、
> 　　可能な範囲で分かりやすく説明されているか。

　本補充原則は、取締役会に対して、株主総会において可決には至ったも
のの相当数の反対票が投じられた会社提案議案があったと認めるときに、
以下の対応を行うよう求めている。

　㋐　反対の理由や反対票が多くなった原因の分析

　㋑　株主との対話その他の対応の要否についての検討

　本補充原則は、2015 年のコーポレートガバナンス・コードの策定時に、
当時の英国コーポレートガバナンス・コードを参考として設けられた[4]。
その後、英国コーポレートガバナンス・コードは 2018 年に改訂され、「相
当数の反対票」について 20% の数値基準が新たに設けられた。また、株
主からの意見のアップデート及び取られた行動について、株主総会後 6 カ

---

4)　油布ほか I・52 頁。

月以内に公表すること等も、新たに求められるようになった[5]。

　2021 年のコード改訂へ向けた議論においては、英国のコーポレートガバナンス・コード改訂の動向等も踏まえつつ、反対率が高い株主総会議案があった場合には、反対理由や原因の分析や検討にとどまらず、その結果の開示や説明を行うことが重要である等の指摘がされた。こうした指摘等を踏まえて、対話ガイドライン 4-1-1 が新たに設けられた[6]。

　対話ガイドラインで定められている事項は、その内容自体についてコンプライ・オア・エクスプレインが求められるものではない。本補充原則で求められている内容は、原因の分析と対応の要否の検討までである。対話ガイドラインで示されている「説明」等の対応を行うかは、上場会社の判断に委ねられている。ただし、企業がコードの各原則を実施する場合や、実施しない理由の説明を行う場合には、ガイドラインの趣旨を踏まえることが期待されている[7]。

　会社提案議案に 20% 以上の反対があった上場会社の数は、近時増加傾向にある[8]。ある調査によれば、こうした反対比率の高い議案への対応として、58.4% の投資家が招集通知における説明の充実を期待しており、68.5% の投資家が対話の実施を期待している。他方で、これらの取組みを実際に行っている企業の割合は、それぞれ 21.5% 及び 35.6% と、投資家の期待の水準を下回っている[9]。

　上場会社が投資家や資本市場からの信頼の獲得を重視するのであれば、本補充原則の要請へ対応することに加えて、対話ガイドライン 4-1-1 で示

---

5)　英国コーポレートガバナンス・コードの 2018 年 7 月改訂版は、Provisions 4 において、「取締役会の提案議案に対して 20% 以上の反対票が投じられた場合は、会社は、議決権行使結果を発表する際に、その結果の背景にある理由を理解するために、株主の意見を考慮するためのどのような行動をとるか、説明すべきである。株主からの意見のアップデート及び取られた行動について、株主総会後 6 カ月以内に公表すべきである」としている（フォローアップ会議第 22 回会合資料 3・22 頁参照）。

6)　島崎ほか・16 頁。

7)　対話ガイドライン序文。

8)　フォローアップ会議第 22 回会合資料 3・20 頁参照。

9)　フォローアップ会議第 22 回会合資料 3・21 頁参照。

されている「説明」や、英国コーポレートガバナンス・コードにいう対応方針の開示等を行うことが選択肢となり得るであろう。

補充原則 1-1②

> 1-1②　上場会社は、総会決議事項の一部を取締役会に委任するよう株主総会に提案するに当たっては、自らの取締役会においてコーポレートガバナンスに関する役割・責務を十分に果たし得るような体制が整っているか否かを考慮すべきである。他方で、上場会社において、そうした体制がしっかりと整っていると判断する場合には、上記の提案を行うことが、経営判断の機動性・専門性の確保の観点から望ましい場合があることを考慮に入れるべきである。

〔コード原案の背景説明〕
　一般に我が国の上場会社は、他国の上場会社に比して幅広い事項を株主総会にかけているとされる。しかしながら、上場会社に係る重要な意思決定については、これを株主の直接投票で決することが常に望ましいわけではなく、株主に対する受託者責任を十分に果たし得る取締役会が存在する場合には、会社法が認める選択肢の中でその意思決定の一部を取締役会に委任することは、経営判断に求められる機動性・専門性を確保する観点から合理的な場合がある。このような委任が適切であるか否かは、取締役会においてコーポレートガバナンスに関する役割・責務を十分に果たし得るような体制が整っているか否かに左右される部分が大きいと考えられる。

本補充原則は、上場会社に対して、以下の対応を求めている。

(ア)　総会決議事項の一部を取締役会に委任するよう株主総会に提案するに当たって、取締役会においてコーポレートガバナンスに関する役割・責務を十分に果たし得るような体制が整っているか否かを考慮すること

㋑　上場会社において、そうした体制がしっかりと整っていると判断する場合には、上記の提案を行うことが、経営判断の機動性・専門性の確保の観点から望ましい場合があることを考慮に入れること

　本補充原則の要請のうち㋐については、総会決議事項の一部を取締役会に委任するよう株主総会に提案をしない場合は、この要請の対象とはならず、エクスプレインの必要はない。㋑の要請についても、総会決議事項の一部の取締役会への委任が、経営判断の機動性・専門性の確保の観点から望ましい場合があることを考慮に入れた上で、委任をしないと判断した場合は、それで本補充原則の要請を満たしたものと考えられるから、エクスプレインの必要はない。

　コード策定時の立案担当者は、本補充原則が定められた背景として、日本の上場会社が、諸外国の上場会社に比べて、相対的に多くの事項を株主総会での決議事項としているという点を指摘している。その上で、取締役会に委任される事項として、剰余金の配当に係る決定や取締役の報酬の具体的配分を例示している[10]。

補充原則 1-1③

> 1-1③　上場会社は、株主の権利の重要性を踏まえ、その権利行使を事実上妨げることのないよう配慮すべきである。とりわけ、少数株主にも認められている上場会社及びその役員に対する特別な権利（違法行為の差止めや代表訴訟提起に係る権利等）については、その権利行使の確保に課題や懸念が生じやすい面があることから、十分に配慮を行うべきである。

　本補充原則は、上場会社に対して、以下の対応を求めている。

㋐　株主の権利の重要性を踏まえた、その権利行使を事実上妨げること

---

10)　油布ほかⅠ・53頁。

　のないような配慮

　㈑　少数株主にも認められている上場会社及びその役員に対する特別な

　　権利についての十分な配慮

　本補充原則の要請のうち㈐は、株主の権利行使に関する配慮の基本的な
考え方を示すものである。その中でも特に課題や懸念が生じやすい事項が、
㈑で敷衍されている。この㈑は、コード策定時の OECD コーポレートガ
バナンス原則第 3 章を踏まえたものである。コード策定時の立案担当者は、
その具体的な適用場面として、委任状勧誘等の場面で株主が株主名簿の閲
覧等を求めた際に、上場会社が不当に対応を遅延し、結果的に株主総会の
開催日が到来してしまったケースを挙げている[11]。その上で、本補充原則
の主眼は、一般に少数株主の権利行使が事実上妨げられるようなケースが
生じやすいことへの注意を喚起し、そのための配慮を求める点にあるので
あって、必ずしもこうした特定の場面だけを規律する意図で設けられたも
のではないとの考え方を示している[12]。

　本補充原則は、他の多くの原則と同様に抽象度の高い記述となっている
から、上述の例以外にも、様々な場面において、本補充原則に照らして適
切な対応がとられていたかが問題とされ得る。実際にも、企業不祥事や経
営権を巡る紛争が生じた場合に、本補充原則との関係で、経営陣の行動が
適切であったかについて、株主等のステークホルダーから疑義が呈される
ケースが生じている。上場会社においては、株主の権利行使に関連する意
思決定にあたり、本補充原則に照らして適切な対応を取っていると外部の
ステークホルダーへ十分に説明できるかという視点を十分に踏まえること
が期待される。

---

11)　油布ほか I・53 頁。
12)　油布ほか I・53 頁。

原則 1-2

【原則 1-2. 株主総会における権利行使】

　上場会社は、株主総会が株主との建設的な対話の場であることを認
識し、株主の視点に立って、株主総会における権利行使に係る適切な
環境整備を行うべきである。

対話ガイドライン 4-1-4

4-1-4. 株主の出席・参加機会の確保等の観点からバーチャル方式
　により株主総会を開催する場合には、株主の利益の確保に配慮し、
　その運営に当たり透明性・公正性が確保されるよう、適切な対応を
　行っているか。

　本原則は、上場会社に対して、以下の対応を求めている。

(ア)　株主総会が株主との建設的な対話の場であることの認識
(イ)　株主の視点に立った、株主総会における権利行使に係る適切な環境
　　整備

　本原則の要請は、いずれも抽象度の高い記述となっており、何をすれば
「適切な環境整備」といえるかについては各社によって判断に幅があり得
る。そのため、プリンシプルベースの下で、上場会社各社において、自ら
の活動が本原則の趣旨に照らして適切か否かを判断することが期待されて
いることとなる（第一・4(1)参照）[13]。

　本原則の要請のうち(ア)に関連しては、株主総会の招集通知の発送から株
主総会開催日までの過程、さらには株主総会前の議案検討や株主との対話
も含めて、株主総会での議決権行使に向けたプロセス全体を企業と投資家

---

13)　中村・塚本・中野 34 頁は、本原則について、「ある種当然のことを規定してい
　る内容」だと述べた上で、多くの上場会社において本原則をエクスプレインとする
　対応は考え難いとの考え方を示している。

との建設的な対話の一環と捉えるべきとの考え方が示されている[14]。

　この考え方に照らせば、会社法に定められている書面投票制度・電子投票制度を適切に実施することは、本原則の要請のうち(イ)が求める適切な環境整備の一環であると考えられる。また、本原則の下に位置付けられている補充原則（1-2①～1-2⑤）を実施することも、その内容に含まれ得る。

　このほか、バーチャル株主総会の開催を選択する場合には、対話ガイドライン4-1-4で示されているように、透明性・公正性の確保を図ることも、本原則における適切な環境整備のうちに含まれ得ると考えられる。その際には、経済産業省の公表しているハイブリッド型バーチャル株主総会の実施ガイドや、その別冊実施事例集の内容が参考となるであろう。

補充原則 1-2①

> 1-2①　上場会社は、株主総会において株主が適切な判断を行うことに資すると考えられる情報については、必要に応じ適確に提供すべきである。

　本補充原則は、上場会社に対して、株主総会において株主が適切な判断を行うことに資すると考えられる情報の必要に応じた適確な提供を求めている。

　株主が適切な判断を行うことに資すると考えられる情報は、事業報告などの法定開示書類により提供される情報に必ずしも限られない。例えば、他の原則や補充原則で開示が求められている、取締役の有するスキル等の組合せや、中期経営計画・資本政策、人的資本・ダイバーシティに関する情報なども、株主総会において株主が適切な判断を行うことに資する情報に含まれ得る。他方で、株主が適切な判断を行うのに資すると考えられる限り、あらゆる情報を提供すべきとしてしまうと、上場会社に過大なコス

---

14)　「持続的成長に向けた企業と投資家の対話促進研究会報告書〜対話先進国に向けた企業情報開示と株主総会プロセスについて〜」59頁。

トを生じさせかねず、却って株主の利益に反することにもなりかねない。コード策定時の立案担当者は、こうした観点から、「必要に応じ適確に」とすることで、無限定な提供が求められているわけではないことを明確化したと説明している[15]。

　本補充原則が求める対応は、原則1-2にいう「株主総会における権利行使に係る適切な環境整備」の一環であると考えられる。また、補充原則1-2②〜1-2⑤では、株主総会に関する情報の提供についてより具体的な規律が定められている。そのため、これらの補充原則を実施している場合には、これをもって本補充原則を実施していると整理することも選択肢となり得る。

補充原則 1-2②

> 1-2②　上場会社は、株主が総会議案の十分な検討期間を確保することができるよう、招集通知に記載する情報の正確性を担保しつつその早期発送に努めるべきであり、また、招集通知に記載する情報は、株主総会の招集に係る取締役会決議から招集通知を発送するまでの間に、TDnetや自社のウェブサイトにより電子的に公表すべきである。

対話ガイドライン 4-1-2

> 4-1-2. 株主総会の招集通知に記載する情報を、内容の確定後速やかにTDnet及び自社のウェブサイト等で公表するなど、株主が総会議案の十分な検討期間を確保することができるような情報開示に努めているか。

　本補充原則は、上場会社に対して、以下の対応を求めている。

---

15)　油布ほかⅠ・53頁。

㈠　招集通知に記載する情報の正確性を担保しつつ、その早期発送に努めること

㈡　招集通知に記載する情報を、株主総会の招集に係る取締役会決議から招集通知を発送するまでの間に、TDnet や自社のウェブサイトにより電子的に公表すること

　本補充原則の要請のうち㈠の招集通知の早期発送について、株主総会開催日の何日前までに発送をすれば「早期発送」といえるのかは、コードでは明示されていない。その判断は各社に委ねられている。この判断にあたっては、コーポレートガバナンス報告書において「早期発送」とは法定期日よりも 3 営業日以上前に招集通知を発送している場合をいうとされている点[16] や、投資家からは株主総会開催日の 3 週間以上前の発送を求める声が多い点[17] などが参考となるであろう。

　海外に目を転じれば、英国では株主総会開催日の 4 週間以上前の発送が一般的である。日本では、株主総会開催日の 4 週間前を目途として招集通知を発送している会社は 2020 年において 41 社（1.1%）であり[18]、彼我の差は極めて大きい。この差は、日本の上場会社では、決算日から株主総会開催日までの期間が 3 カ月以内と、諸外国に比べて短いことに由来すると指摘されている。株主総会開催日を決算日から 3 カ月以内としたままで、現在以上に招集通知の早期発送を行おうとすれば、決算・監査のための時間をより短縮する必要が生じる。これによって開示情報の信頼性が損なわれるとすれば、本末転倒であると言わざるを得ない。こうした観点から、本補充原則では、「招集通知に記載する情報の正確性を担保しつつ」との

16)　コーポレートガバナンス報告書記載要領Ⅲ．1 参照。ただし、同記載要領では、これは補充原則 1-2②における「早期発送」の定義を示すものではないとされている。

17)　一般社団法人生命保険協会「株主価値向上に向けた取り組みについて」（平成 27 年度）によれば、招集通知の到着日が株主総会開催日から 3 週間以上、1 カ月未満であることを希望する投資家は 36.9%、1 カ月以上前であることを希望する投資家は 23.8% とのことである。

18)　東証コーポレートガバナンス白書 13 頁。

記述が置かれている。このように開示情報の正確性を担保しつつ、招集通知の早期発送を諸外国と同等の水準で実施しようとするのであれば、議決権行使基準日・配当基準日を決算日より後の日に移動し、株主総会開催日を決算日より3カ月以上後とすることが、合理的な選択肢となり得るであろう（補充原則1-2③参照）。

　次に、本補充原則の要請のうち(イ)は、招集通知の発送前におけるTDnetやウェブサイトによる公表を求めるものである。

　このウェブ公表の意義は、株主がより早期に招集通知の内容を把握することを可能とすることにある。招集通知の内容の確定から発送までには、印刷用データの校了、印刷、封入、発送の各段階を経る必要がある。このうち、印刷・封入のプロセスには10〜12営業日を要するとの調査結果が存在する[19]。そのため、印刷用データの校了の時点でその内容をウェブ公表すれば、株主がより早期に招集通知の内容を把握することが可能となる。

　関連して、令和元年改正会社法は、上場会社について、遅くとも株主総会の日の3週間前までに、株主総会資料について電子提供措置をとることとしている[20]。この電子提供制度の施行時期は2022年9月1日とされている[21]。また、法制審議会における附帯決議[22]を踏まえて、東京証券取引所は取引所規則を改正し、2021年3月より、株主総会の日の3週間前よりも早期に招集通知、株主総会参考書類、事業報告等を電磁的方法で提供するよう努めるべきとしている[23]。こうした改正のため、従前よりも早くウェブ公表を行うことが求められるようになっていること等を受けて、2021年の対話ガイドラインの改訂では、株主総会の招集通知に記載する情報を「内容の確定後速やかに」公表しているかが、対話ガイドラインの

---

[19]　経済産業省「招集通知の印刷封入日数・費用等に関するアンケート」（2015年12月実施）。

[20]　会社法325条の2以下。

[21]　会社法の一部を改正する法律の一部の施行期日を定める政令（令和3年政令第334号）。

[22]　https://www.moj.go.jp/shingi1/shingi04900391.html

[23]　有価証券上場規程446条、同施行規則437条。

新たな項目として追加された（4-1-2）。こうした近時の改正の動向に鑑みれば、これらの会社法及び上場規則の規律への対応も、本補充原則が求める対応のうちに含まれると考えられる。

　このウェブ公表の媒体としては、TDnet で公表されると、招集通知一覧サイトへ掲載されるため、幅広い銘柄へ分散投資する機関投資家にとっては招集通知等の網羅的な把握が容易となる一方で、限られた銘柄を対象とする投資家や、招集通知一覧サイトを利用していない投資家にとっては企業の自社ウェブサイトで公表されるのが有用であると指摘されている[24]。このように多様な株主のニーズに応えることを促す観点から、対話ガイドライン 4-1-2 では、「TDnet 及び自社のウェブサイト等で公表」（下線は筆者）と、両方の媒体で早期に公表をすることが望まれる旨が明確化されている。その意味で、会社法に基づく電子提供措置を実施する場合には、あわせて、本補充原則への対応として、TDnet 及び自社ウェブサイトの両方で早期にウェブ公表を行うことが期待されているといえよう。

補充原則 1-2③

1-2③　上場会社は、株主との建設的な対話の充実や、そのための正確な情報提供等の観点を考慮し、株主総会開催日をはじめとする株主総会関連の日程の適切な設定を行うべきである。

対話ガイドライン 4-1-3

4-1-3.　株主総会が株主との建設的な対話の場であることを意識し、例えば、有価証券報告書を株主総会開催日の前に提出するなど、株主との建設的な対話の充実に向けた取組みの検討を行っているか。
　　また、不測の事態が生じても株主へ正確に情報提供しつつ、決算・監査のための時間的余裕を確保できるよう、株主総会関連の日

---

24)　フォローアップ会議第 22 回会合資料 3・10 頁。

程の適切な設定を含め、株主総会の在り方について検討を行っているか。

〔コード原案の背景説明〕

株主総会開催手続きについては、本有識者会議において、以下の議論があった。

- ・　基準日から株主総会開催日までの期間は、ガバナンスの実効性を確保する観点から、できるだけ短いことが望ましい（英国では、2日間以内）。
- ・　招集通知から株主総会開催日までの期間は、熟慮のため、できるだけ長いことが望ましい（英国では、約4週間以上）。
- ・　決算期末から、会計監査証明までの期間は、不正リスクに対応した実効性ある会計監査確保の観点から、一定の期間を確保する必要がある。
- ・　以上に対応するため、必要があれば、株主総会開催日を7月（3月期決算の会社の場合）にすることも検討されることが考えられるが、業績評価に基づく株主総会の意思決定との観点から、決算期末から株主総会開催日までの期間が長くなりすぎることは避ける必要がある。

なお、以上の方向で考える場合、（監査済財務情報の提供時期や株主総会の開催時期が後倒しになることが考えられることから、）決算短信によるタイムリーな情報提供が一層重要となることや、例外的な事象が生じた場合も視野に入れた他の制度との整合性の検討が必要となることなどにも留意が必要である。

本問題については、本コード（原案）に寄せられるパブリック・コメント等の内容も踏まえつつ、必要に応じ、本有識者会議において引き続き議論を行い、東京証券取引所における最終的なコードの策定に反映される必要があるか否かを検討することとする。

本補充原則は、上場会社に対して、以下の対応を求めている。

㋐　株主との建設的な対話の充実や、そのための正確な情報提供等の観点の考慮

㋑　株主総会開催日をはじめとする株主総会関連の日程の適切な設定

　2015 年に本補充原則が設けられた際には、基準日から株主総会開催日までの期間は、ガバナンスの実効性を確保する観点からできるだけ短いことが望ましく、招集通知の発送から株主総会開催日までの期間は、議案を熟慮するためできるだけ長いことが望ましいが、実効性ある会計監査を確保するためには、決算期末から会計監査証明まで一定の期間を確保する必要がある、との考え方が示されていた。その上で、3 月決算会社においては、総会を 7 月開催とし、議決権行使基準日は決算日とは別に適宜設定する、との考え方が選択肢として示されていた[25]。このような記述に照らせば、本補充原則がいう「株主との建設的な対話の充実」のための取組みには、招集通知の早期発送が含まれ、「株主総会関連の日程」には、招集通知の発送日や議決権行使基準日も含まれると解することが合理的であろう。

　2021 年のコード改訂へ向けた議論においては、決算・監査等に要する期間を考慮すれば、発送時期の早期化をさらに促す上では、株主総会関連の日程の見直しが重要となる等の指摘がなされた。これらの議論を踏まえて、「不測の事態が生じても株主へ正確に情報提供しつつ、決算・監査のための時間的余裕を確保できるよう、株主総会関連の日程の適切な設定を含め、株主総会の在り方について検討を行っているか」が、対話ガイドラインの新たな項目として追加された（4-1-3）[26]。この記述から、本補充原則にいう「正確な情報提供等の観点の考慮」には、対話ガイドライン 4-1-3 にいう「決算・監査のための時間的余裕」も含まれると解することができる。

　関連して、フォローアップ会議では、コロナ禍等の不測の事態が生じた

---

25)　コード原案　補充原則 1-2③背景説明参照。

26)　島崎ほか・16 頁。

場合にも品質の高い議決権行使の確保を図る観点からは、株主総会関連の日程を見直すことが有力な選択肢となるとの考え方が示されている[27]。

このほか、対話ガイドライン4-1-3では、有価証券報告書の総会前提出が、株主との建設的な対話の充実に向けた取組みとして例示されている。本補充原則への対応として、この例示の通りに有価証券報告書の総会前提出を行うかは、基本的には各社の判断に委ねられている。

上場会社のほとんどは、議決権行使基準日と配当基準日を決算日として、決算日から3カ月以内に株主総会を開催している。こうした実務のあり方については、海外との比較で様々な指摘がなされている。本補充原則への対応の選択肢として、基準日の見直しに関する議論が今後進むことが期待される。

コラム：有価証券報告書の総会前提出

日本以外の主要な資本市場では、年次報告書を開示してから十分な期間をあけて定時株主総会が開催されている。具体的には、年次報告書の早期提出は企業側にとっても負担であることから、決算日から2カ月～3カ月程度後に年次報告書を開示し、決算日から4カ月～5カ月程度後に定時株主総会を開催するスケジュールが一般的である。

日本と韓国は、こうした実務の例外であった。しかし、2021年より、韓国では株主総会開催日の少なくとも1週間前に年次報告書を開示することとされた。これによって、日本は、株主総会の開催後に年次報告書が開示されるという極めて特異な実務慣行を有する、唯一の主要国となっている。

日本における総会日程を巡る実務慣行に対しては、機関投資家からも疑問が表明されている。例えば、国際的な機関投資家団体である International Corporate Governance Network は、2019年7月に公表した「ICGN重点方針（日本）」において、7月総会への移行と有価証券報告書の総会前提出を行うべきだと提言している。2021年6月の定時株主総会では、三菱UFJフィナンシャル・グループに対して有価証券報告書の総会前提出に関する株主提案がなされ、27.58％の賛成が集まった。この賛成率は、パリ協定の目標に沿った投融資を行うための経営戦略等の開示に関する同社への株主提案の賛成率（22.71％）

---

27)　フォローアップ会議第22回会合資料2・10頁。

を上回っていた。有価証券報告書の総会前提出に関する機関投資家の関心の高さを如実に示す数字といえよう。

　こうした機関投資家からの声にもかかわらず、有価証券報告書の総会前提出は、日本では進んでいない。株主総会の開催日も、決算日から 2 カ月半〜3 カ月までに集中している。このような状況から、議決権行使助言会社の ISS とグラスルイスは、スチュワードシップ・コードの指針 8-3 を事実上エクスプレインしている。2020 年のスチュワードシップ・コード改訂においても、議決権行使助言会社が指針 8-2 及び 8-3 に沿った取組みを行うためには、企業においても株主総会の開催時期の分散、株主総会資料の早期開示や開示の充実等に取り組むべきとの方向性が示されている。

　補充原則 1-2③は、上場会社に対して「検討」を求めているに留まるため、議決権行使基準日と配当基準日を決算日のままとしたとしても、同補充原則をエクスプレインする必要があるわけではない。しかし、対話の充実をさらに図る観点からは、日本企業において、資本市場に対するマーケティング的視点を伴った開示への取組みが進められるとともに、機関投資家からのニーズの高い株主総会開催前の有価証券報告書の開示へ向けて、基準日に関する実務慣行の見直しが進められることが期待される。その際には、経済産業省から公表された「持続的成長に向けた企業と投資家の対話促進研究会報告書」や「株主総会プロセスの電子化促進等に関する研究会報告書」、全国株懇連合会より公表された「企業と投資家の建設的な対話に向けて」などの報告書・提言の内容が参考となるであろう。

補充原則 1-2④

1-2④　上場会社は、自社の株主における機関投資家や海外投資家の比率等も踏まえ、議決権の電子行使を可能とするための環境作り（議決権電子行使プラットフォームの利用等）や招集通知の英訳を進めるべきである。

　特に、プライム市場上場会社は、少なくとも機関投資家向けに議決権電子行使プラットフォームを利用可能とすべきである。

(1)　全上場会社への要請

　本補充原則の一文目は、上場会社に対し、自社の株主における機関投資

家や海外投資家の比率等も踏まえた上で、以下の対応を求めている。

　㋐　議決権の電子行使を可能とするための環境作り（議決権電子行使プ
　　ラットフォームの利用等）を進めること

　㋑　招集通知の英訳を進めること

　本補充原則の一文目は、2015 年のコーポレートガバナンス・コード策
定時に定められたものである。当時の立案担当者は、「自社の株主におけ
る機関投資家や海外投資家の比率等」に加えて、英訳に割ける合理的なリ
ソース等を考慮することも考えられると述べた上で、例えば、招集通知の
一部のみを英訳するという対応を行った場合でも、そのことにより本補充
原則を直ちに実施していないことになるものではないとの考え方を示して
いる[28]。また、本補充原則は、招集通知の英訳を「すべきである」でなく
「進めるべきである」としており、ただちに招集通知の英訳の実現には至
らなかったとしても、このことにより一律に同補充原則を「コンプライ」
していないことになるものではないとも述べている[29]。なお、招集通知以
外の開示資料の英訳については、補充原則 3-1②に関連する内容が定めら
れている。

　議決権の電子行使を可能とするための環境作りについては、株式会社
ICJ が提供している議決権電子行使プラットフォームのほか、会社法上の
電子投票制度の採用なども考えられるとの考え方が、コード策定時の立案
担当者によって示されている[30]。

　議決権電子行使プラットフォームの導入については、書面の郵送にかか
る時間が削減され機関投資家による議決権行使判断のための期間の確保に
つながる、感染症拡大と人的ミスの防止につながり得る、等の利点が指摘
されている[31]。多くの機関投資家は、運用業務と保管・管理業務の分離に

---

28)　油布ほか I ・54 頁。

29)　油布志行・浜田宰「「コーポレートガバナンス・コード原案」の概要及び同原案
　　における開示の規律」経営財務 3212 号 28 頁。

30)　油布ほか I ・55 頁、2015 年パブコメ回答（和文）No.4。

31)　フォローアップ会議第 22 回会合資料 2・4 頁参照。

よる事務コストの削減等の観点から、投資先の会社の株式を直接保有していない。代わりに、国内の機関投資家であれば資産管理専業の信託銀行の名義で、海外の機関投資家であればカストディ（証券保管銀行）やノミニー（主に証券会社）等の名義で株式を保有している[32]。この場合、会社の株主名簿管理人が名義株主に招集通知を郵送した後も、名義株主である信託銀行等と実質株主である機関投資家などの複数の関係者間での連絡が必要となる。ここで、議決権電子行使プラットフォームを利用すると、議決権行使の指図結果が株主名簿管理人へ電子的・自動的に送信されるため、機関投資家の議案の検討期間が 5～8 営業日程度拡大し得ると指摘されている[33]。こうした環境整備は、株主の実質的な平等性の確保や、株主との建設的な対話の場としての株主総会の機能発揮の観点から、重要な意義を有する。

　議決権電子行使プラットフォームの導入は上場会社において追加的なコストを伴う。このコストは、会社の純資産の減少を通じて、最終的には上場会社の株主がこれを負担するという関係にある。他方で、機関投資家は議案の検討期間をより確保でき、上場会社は議決権電子行使プラットフォームを通じた議決権行使の状況をリアルタイムに把握できるなど、関係者において一定のメリットが存在する。本補充原則の一文目が、機関投資家や外国人株主の比率を踏まえつつ、これらの対応を進めることとしているのは、施策が株主等の関係者にもたらすメリットとコストを比較する視点を示しているものと解することができる。議決権電子行使プラットフォームに参加していない企業のうち 76.5% が「機関投資家又は海外投資家の比率が低い」ことを、また 45.1% が「費用面」を理由として挙げているのも、このメリットとコストを勘案した結果とみることができる[34]。

　こうした観点に照らせば、一定以上の規模の会社や、機関投資家の比率の高い会社においては、積極的に議決権電子行使プラットフォームを利用

32）　全国株懇連合会「グローバルな機関投資家等の株主総会への出席に関するガイドライン」3 頁参照。
33）　フォローアップ会議第 22 回会合資料 3・4 頁参照。
34）　「2021 年度全株懇調査報告書～株主総会等に関する実態調査集計表～」9 頁。

可能とすることが期待されているといえよう。

　招集通知の英訳については、補充原則 3-1①を参照されたい。

⑵　プライム市場上場会社に対する要請

　本補充原則の二文目は、プライム市場上場会社に対して、少なくとも機関投資家向けに議決権電子行使プラットフォームを利用可能とするよう求めている。

　ここでは、一文目と異なり、「自社の株主における機関投資家や海外投資家の比率等も踏まえ」との記述が置かれていない。また、「進めるべき」ではなく「利用可能とすべき」とされている。

　この二文目は、2021 年のコード改訂にあたり追記された。その趣旨としては、2022 年 4 月に実施された東京証券取引所の市場構造改革において、プライム市場が、より高いガバナンス水準を備え、グローバルな投資家との建設的な対話を中心に据えて持続的な成長と中長期的な企業価値の向上にコミットする企業向けの市場と位置付けられていることを踏まえ、本補充原則の一文目より踏み込んだ形で、議決権電子行使プラットフォームの利用を促したものとみることができる。その意味で、本補充原則の二文目は、一文目と異なり、自社の株主における機関投資家や海外投資家の比率にかかわらず、一律に取組みの実施を求めるものと考えられる。

補充原則 1-2⑤

> 1-2⑤　信託銀行等の名義で株式を保有する機関投資家等が、株主総会において、信託銀行等に代わって自ら議決権の行使等を行うことをあらかじめ希望する場合に対応するため、上場会社は、信託銀行等と協議しつつ検討を行うべきである。

　本補充原則は、信託銀行等の名義で株式を保有する機関投資家等が、株主総会において、信託銀行等に代わって自ら議決権の行使等を行うことをあらかじめ希望する場合に対応するため、上場会社に対して、信託銀行等

と協議しつつ検討を行うよう求めている。

　機関投資家の多くは、国内系の投資家であれば資産管理専業の信託銀行の名義で、海外系の投資家であればカストディ（証券保管銀行）やノミニー（主に証券会社）等の名義で株式を保有している。日本の会社法上は名義株主を株主として扱うこととされているため、信託銀行等を名義株主としている機関投資家は、会社に対して株主としての地位を対抗できない[35]。そのような機関投資家が株主総会に出席して議決権行使をしたいと考える場合、法的には、名義株主である信託銀行等から委任状を取得し、名義株主の代理人として株主総会に出席することが考えられる（会社法 310 条 1 項）。本補充原則において、「信託銀行等に代わって」とされているのは、こうした会社法上の規律を踏まえたものである[36]。

　本補充原則は「検討を行うべきである」とするのみであり、実質株主である機関投資家による株主総会での議決権行使等を必ず認めるべきとはしていない。この背景として、コーポレートガバナンス・コードの策定過程では、機関投資家の信託銀行等に代わっての総会出席の問題は委任状方式により概ね解決できると考えられるけれども、実務的な検討を詰める必要があるため、出席を認めるべきとはしないこととした旨の説明がなされている[37]。コード策定時のパブリックコメント手続では、投資家等による議決権行使等という課題については、関係する当事者がそれぞれにとって合理的な解決策を見出すことができるよう、上場会社は信託銀行等と十分に検討を行うことが期待されるとの見解が示されている[38]。

　関連して、2015 年 11 月に、全国株懇連合会より「グローバルな機関投資家等の株主総会への出席に関するガイドライン」が公表された。その中では、表 5 にある 4 通りの対応策が示されている。上場会社には、これらの対応策も参考としつつ、実質株主である機関投資家からの株主総会への出席の希望に自社としてどのように対応するのか、信託銀行等と協議しつ

---

35)　会社法 130 条、社債、株式等の振替に関する法律 152 条 1 項。
36)　油布ほか I・54 頁。
37)　コード策定時有識者会議第 7 回議事録（油布発言）。
38)　2015 年パブコメ回答（和文）No.5。油布ほか I・54 頁も同旨。

つ検討を行うことが求められている。

　実質株主に関する原則としては、本補充原則のほか、補充原則 5-1③が、実質株主の把握に関する定めを置いている。

＜表5[39]＞

	概要	利点／留意点
A	株主総会の基準日時点でグローバル機関投資家等が1単元以上の株式の所有者となり、グローバル機関投資家等が代理人として総会に出席する方法	（＋）　代理人資格を名義株主に限定する定款規定の下でも、代理人となれることが明らかであり、法的安定性が高い （−）　議決権行使の基準日時点で1単元以上の名義株主であることが必要
B	会社側の合理的裁量に服した上で、株主総会の当日に株主総会を傍聴する方法	（＋）　定款規定の例外に当たるか否かや、議決権の二重行使の処理の問題が生じない （−）　当日の議決権行使や質問等の株主権行使はできない （−）　傍聴を認めるか否かは企業の合理的裁量に服する
C	「特段の事情」[40]を発行会社に証明した上で、名義株主の代理人として総会に出席する方法	（＋）　議決権行使の基準日時点で1単元以上の名義株主となっていなくても、定款変更を要さずに出席が認められる （−）　「特段の事情」の外延・解釈が必ずしも明確でなく、法的安定性の面で相対的に課題が残る
D	発行会社が定款を変更して、グローバル機関投資家等が名義株主の代理人として総会に出席することを認める方法	（＋）　明示的に定款規定の例外として定めるため、総会出席できる範囲を明確にでき、法的安定性が高い （＋）　Cより広い範囲で総会出席を認めることができる （−）　定款変更決議が必要

---

39)　フォローアップ会議第 22 回会合資料 3・24 頁を基に筆者にて作成。

40)　特段の事情としては、①グローバル機関投資家等による議決権の代理行使を認めても株主総会がかく乱され会社の利益が害されるおそれがなく、②議決権の代理行使を認めなければ議決権行使が実質的に阻害されることとなる等、グローバル機関投資家等による議決権の代理行使を認めるべき事情が挙げられている。

52

| | | （－）　対象となる「機関投資家」の範囲や必要書類は株式取扱規程で定めることとなる。具体的な規定ぶりについては各社で検討が必要 |

原則 1-3

> 【原則 1-3．資本政策の基本的な方針】
> 　上場会社は、資本政策の動向が株主の利益に重要な影響を与え得ることを踏まえ、資本政策の基本的な方針について説明を行うべきである。

　本原則は、上場会社に対して、資本政策の基本的な方針について説明を行うよう求めている。

　「資本政策」について、2018 年のコード改訂時のパブリックコメント手続では、おおむね、上場会社が事業を遂行していく上で必要とされる資本・負債の調達、株主還元、資本・負債の比率、それらの手段など、資本の管理のための施策を意味するものと考えられるとの見解が示されている[41]。

　「資本政策の基本的な方針」について、コード策定時の立案担当者は、「エクイティ・ファイナンスや自社株買いに関する実施計画のような個別の資本政策についての具体的な予定等ではなく、こうした個別の資本政策の基礎となるべき、いわば総合的な基本方針のようなものを説明することが想定されている」としている[42]。また、コード策定時有識者会議では、本原則の後に続く政策保有株式や買収防衛策などの各論の原則をいきなり定めるのではなく、その背景となる基本的な考え方がまず示されて然るべきだとの考えから、本原則を置くこととした旨の説明がなされている[43]。

　本原則では、資本政策の基本的な方針について「説明を行う」ことが求

---

41)　2018 年パブコメ回答 No. 37。
42)　油布ほかⅡ・51 頁。
43)　コード策定時有識者会議第 7 回議事録（池尾発言）。

められているのみであり、「開示」までは求められていない。ただし、原則5-2は、経営戦略や経営計画の策定・公表に当たって資本政策の基本的な方針を示すよう求めている[44]。経営戦略・経営計画は、原則3-1(i)により開示が求められていることから、実務上の対応としては、経営戦略・経営計画の開示に際して、資本政策の基本的な方針をあわせて開示しておくのが整合的であろう[45]。

　資本政策の基本的な方針の内容は、各社によって様々である。実務上の対応としては、必要な自己資本の維持や安定配当といった抽象的な内容に留めている例や、経営指標・自己資本比率・配当性向について具体的な目標値を挙げる例などが見受けられる。また、自社のウェブサイトでこれを公表する例や、経営戦略・経営計画の公表に際してあわせて適時開示をする例などが存在する。

原則 1-4

【原則 1-4. 政策保有株式】

　上場会社が政策保有株式として上場株式を保有する場合には、政策保有株式の縮減に関する方針・考え方など、政策保有に関する方針を開示すべきである。また、毎年、取締役会で、個別の政策保有株式について、保有目的が適切か、保有に伴う便益やリスクが資本コストに見合っているか等を具体的に精査し、保有の適否を検証するとともに、そうした検証の内容について開示すべきである。

　上場会社は、政策保有株式に係る議決権の行使について、適切な対応を確保するための具体的な基準を策定・開示し、その基準に沿った対応を行うべきである。

---

44)　2018年パブコメ回答 No. 39 参照。
45)　澤口・内田・小林 67 頁は、資本政策の基本的な方針はコーポレートガバナンス報告書での「開示」が求められるとの見解を示している。

対話ガイドライン 4-2-1、4-2-2

4-2-1.　政策保有株式[46] について、それぞれの銘柄の保有目的や、保有銘柄の異動を含む保有状況が、分かりやすく説明されているか。

　　個別銘柄の保有の適否について、保有目的が適切か、保有に伴う便益やリスクが資本コストに見合っているか等を具体的に精査し、取締役会において検証を行った上、適切な意思決定が行われているか。特に、保有効果の検証が、例えば、独立社外取締役の実効的な関与等により、株主共同の利益の視点を十分に踏まえたものになっているか。

　　そうした検証の内容について検証の手法も含め具体的に分かりやすく開示・説明されているか。

　　政策保有株式に係る議決権の行使について、適切な基準が策定され、分かりやすく開示されているか。また、策定した基準に基づいて、適切に議決権行使が行われているか。

4-2-2.　政策保有に関する方針の開示において、政策保有株式の縮減に関する方針・考え方を明確化し、そうした方針・考え方に沿って適切な対応がなされているか。

（i）　本原則の沿革

　政策保有株式については、従前より、企業の側から、提携等を通じて事業の利益につながるとの見解が示される一方で、投資家の側からは、①利益率・資本効率の低下や財務の不安定化を招くおそれや、②株主総会における議決権行使を通じた監視機能が形骸化し、いわゆる議決権の空洞化を招くおそれがあるなどといった懸念が示されてきた[47]。このうち①は、政

---

46)　企業が直接保有していないが、企業の実質的な政策保有株式となっている株式を含む。

47)　油布ほかII・52 頁。

策保有株式を保有している会社における問題であり、②は、政策保有株式を保有されている（または保有させている）会社における問題ということができる。

　2015年のコーポレートガバナンス・コードの策定時には、これらの政策保有株式に関する見解の相違の背景には、投資家が上場会社の外側におり、政策保有株式の事業上の意味合いを明確に把握できないという構造が存在しているとの指摘がなされた。その上で、こうした見地から、上場会社の開示の規律を強化することにより、上場会社と市場との対話を通じて合理的な解決策を見出すことに主眼を置いたアプローチが採用された[48]。コード策定時のパブリックコメント手続でも、「検証」の内容そのものの公開を求めているものではないとの回答がなされていた[49]。

　これに対して、2018年のコーポレートガバナンス・コードの改訂時には、政策保有株式について、投資家と企業の間で、これまで以上に深度ある対話が行われることが重要との指摘がなされた。こうした指摘等を踏まえ、上場会社が政策保有株式の縮減に関する方針・考え方などの開示をすることや、個別の政策保有株式の保有目的や保有に伴う便益・リスクを具体的に精査した上で、保有の適否を検証し、分かりやすく開示・説明を行うことが、新たに求められることとなった。また、対話ガイドラインにおいては、政策保有株式の適否の検証等と政策保有株主との関係についての項が設けられた（4-1～4-4（現4-2-1～4-2-4））[50]。

　その後、2018年6月に金融審議会ディスクロージャーワーキング・グループの報告書[51] が公表され、政策保有株式の開示対象の拡大等が提言された。この提言に沿って、2019年に開示府令が改正され、政策保有株式の開示対象が30銘柄から60銘柄へ拡大されると共に、政策保有株式の保有方針や保有の合理性を検証する方法、個別銘柄等の保有目的・効果等

48）　油布ほかⅡ・52頁。
49）　2015年パブコメ回答（和文）No.6。
50）　田原ほか・14頁。
51）　「金融審議会ディスクロージャーワーキング・グループ報告─資本市場における
　　好循環の実現に向けて─」（2018年6月28日公表）。

についても開示が求められることとなった[52]。さらに、東京証券取引所の市場構造改革により、流通株式基準が厳格化され、プライム市場について流動株式が 35％ 必要であるとされると共に、政策保有株式が流通株式の定義から除外されることとなった。

　2021 年のコード改訂へ向けた議論においては、引き続き、政策保有株式の開示の規律を強化すべきとの指摘や、対話を通じて取締役会での独立社外取締役による政策保有株式の保有の意義等についての厳正な検証を期待する旨の指摘がなされた。他方で、東京証券取引所の市場構造改革などの施策の結果を踏まえて判断すべきという趣旨の指摘もなされた。こうした指摘等を踏まえ、政策保有株式に関するコードの原則の改訂は行われず、代わりに、対話ガイドライン 4-2-1 が改訂され、「保有効果の検証が、例えば、独立社外取締役の実効的な関与等により、株主共同の利益の視点を十分に踏まえたものになっているか」等の記述が追加された[53]。

(ii)　政策保有株式の範囲

　政策保有株式の具体的な範囲は、本原則では示されておらず、プリンシプルベースの下で、上場会社各社が適切に判断することが想定されている。ただし、2018 年のコード改訂時の立案担当者は、企業が純投資以外の目的で保有している株式のほか、開示府令における「みなし保有株式」などの、企業が直接保有していないが、企業の実質的な政策保有株式となっているものも含まれると述べている[54]。また、コード策定時の立案担当者は、株式の持ち合いのケースに限定されておらず、一方の企業が他方の企業の株式を一方的に保有するのみのケースも含まれると述べている[55]。このほか、例えば、上場持株会社が子銀行（非上場）において政策保有株式を保有しているケースなどにおいては、この株式も本原則にいう「政策保有株式」の範囲に含めて対応することが想定されていると述べている[56]。この

52)　https://www.fsa.go.jp/news/30/sonota/20190131.html
53)　島崎ほか・18 頁。
54)　田原ほか・20 頁、2018 年パブコメ回答 No. 210。
55)　油布ほかⅡ・57 頁。田原ほか・20 頁、2018 年パブコメ回答 No. 210 も同旨。

考え方は、銀行持株会社以外の上場会社にも当てはまり得るであろう[57]。

(iii)　政策保有に関する方針の開示

　本原則の一文目は、政策保有株式として上場株式を保有する上場会社に対して、政策保有株式の縮減に関する方針・考え方など、政策保有に関する方針の開示を求めている。

　このうち、「政策保有株式の縮減に関する方針・考え方」については、「など」と例示であるかのような記載ぶりとなっている。ただし、2018 年のコード改訂時の立案担当者は、この方針・考え方を示さない場合には本原則へのエクスプレインが必要となる旨の見解を示している[58]。上場会社に求められる対応としては、本原則の一文目に従い、縮減に関する方針・考え方を示しつつ政策保有に関する方針を開示した上で、本原則の二文目に沿って保有の適否の検証とその検証内容の開示を行い、さらに、その反応等を踏まえて翌年の「検証」を行うといったように、投資家との建設的な対話を継続していくことが求められているものと考えられる[59]。

　関連して、対話ガイドライン 4-2-2 では、「政策保有に関する方針の開示において、政策保有株式の縮減に関する方針・考え方を明確化し、そうした方針・考え方に沿って適切な対応がなされているか。」との一文が示されている。

　2021 年のコード改訂時のパブリックコメント手続では、政策保有株式に関する開示にあたって、金融庁が公表している「政策保有株式：投資家が期待する好開示のポイント（例）」等が参考となり得るとの見解が示されている[60]。

---

56)　油布ほかⅡ・57 頁。
57)　澤口・内田・小林 68 頁も同旨。
58)　田原ほか・15 頁。ただし、同立案担当者は、必ずしも政策保有株式の一律の縮減が求められるものではないとも述べている。
59)　油布ほかⅡ・52 頁参照。
60)　2021 年パブコメ回答 No. 593。

(ⅳ)　政策保有の適否の検証

　本原則の二文目は、政策保有株式を保有する上場会社に対して、以下の対応を求めている。

　(ア)　個別の政策保有株式についての、保有目的が適切か、保有に伴う便益やリスクが資本コストに見合っているか等の具体的な精査と、保有の適否の検証（取締役会において毎年実施）

　(イ)　(ア)による検証内容の開示

　2018年のコード改訂では、「個別の」政策保有株式についての「具体的な精査」が新たに求められた。あわせて、従前は検証内容を「説明」すべきとされていたのが、「開示」すべきと変更されるなど、本原則の二文目の規律が大幅に改められた。

　この規律への対応として、2018年のコード改訂時の立案担当者からは、取締役会自らが個別の銘柄について検証を行うことが必要であるとの考え方が示されている。また、単に「検証の結果、全ての銘柄の保有が適当と認められた」といった、一般的な開示ではなく、例えば、

　・　保有の適否を検証する上で、保有目的が適切か、保有に伴う便益やリスクが資本コストに見合っているかを含め、どのような点に着眼し、どのような基準を設定したか

　・　設定した基準を踏まえ、どのような内容の議論を経て個別銘柄の保有の適否を検証したか

　・　議論の結果、保有の適否について、どのような結論が得られたか

等について具体的な開示が行われることが期待されるとの考え方も示されている[61]。

　関連して、対話ガイドライン4-2-1では、政策保有株式の個別銘柄の保有の適否についての対話を促す観点から、コードと同様の趣旨が示されると共に、「そうした検証の内容について検証の手法も含め具体的に分かりやすく開示・説明されているか」との一文が示されている[62]。また、2021

---

61)　田原ほか・15頁。

年の改訂により、「特に、保有効果の検証が、例えば、独立社外取締役の実効的な関与等により、株主共同の利益の視点を十分に踏まえたものになっているか」との記述が追加されている。

この政策保有株式の検証については、純投資のように時価（含み益）や配当金によるリターンを評価するのではなく、事業の収益獲得への貢献度合い等の観点も含めた保有の合理性を検証すべきとの考え方が投資家側から示されている[63]。企業側が検証方法を検討する上で、この考え方も参考となるであろう。

「資本コスト」の意義について、2018 年のコード改訂時のパブリックコメント手続では、以下のような見解が示された[64]。すなわち、一般的には、自社の事業リスクなどを適切に反映した資金調達に伴うコストであり、資金の提供者が期待する収益率と考えられる。適用の場面に応じて株主資本コストや加重平均資本コスト（WACC）が用いられることが多いであろう。

この加重平均資本コスト（WACC）については、事業再編ガイドラインにおいて算定方法の概要が示されている[65]。

(v) 政策保有株式に係る議決権行使の基準

本原則の三文目は、政策保有株式を保有する上場会社に対して、以下の対応を求めている。

(ｱ) 政策保有株式に係る議決権の行使について適切な対応を確保するための具体的な基準の策定・開示

(ｲ) (ｱ)の基準に沿った対応の実施

この基準は、政策保有株式について、株主総会における議決権行使を通じた監視機能が形骸化し、いわゆる「議決権の空洞化」を招くおそれがあ

---

62) 田原ほか・15 頁。
63) 金融庁「政策保有株式：投資家が期待する好開示のポイント（例）」（2021 年 3 月 22 日公表）。
64) 2018 年パブコメ回答 No.35。田原ほか・7 頁も参照。
65) 事業再編ガイドライン別紙 2。

るといった懸念を踏まえて、議決権行使について適切な対応を確保するための基準の策定・開示を求めるものである[66]。2015 年のコード策定当時には、ここでいう「適切な対応を確保するための基準」の内容として、機械的・形式的に議決権の行使内容が導かれるような基準のみが想定されているものでは必ずしもないとの考え方が、立案担当者より示されていた[67]。その後、2018 年のコード改訂に際して、基準の内容が具体的でなく、内容をより充実させた上で開示を求めるべき等の指摘がなされたことから、「具体的な」基準の開示が求められることとなった[68]。

　関連して、対話ガイドライン 4-2-1 において、「政策保有株式に係る議決権の行使について適切な基準が策定され、分かりやすく開示されているか。また、策定した基準に基づいて、適切に議決権行使が行われているか」が、投資家と企業との対話のアジェンダとして示されている。

　近時の実務の動向としては、三井住友信託銀行が政策保有株式に関する議決権行使基準を開示すると共に、政策保有株式の議決権行使結果の集計開示を行う方針を公表した[69]。政策保有株式の議決権行使結果については、2018 年のディスクロージャーワーキング・グループ報告でも、「政策保有株式を保有する趣旨から考えれば賛成が大宗であると想定されることなどから、開示の意義は乏しいと考えられる」と指摘されていた[70]。三井住友信託銀行の積極的な取組みが投資家からどの程度肯定的に評価されるか、また同様の取組みが他社にも広がるか、今後の動向が注目される。

補充原則 1-4①

> 1-4①　上場会社は、自社の株式を政策保有株式として保有している

---

66)　田原ほか・15 頁。
67)　油布ほかⅡ・52 頁。
68)　田原ほか・15 頁。
69)　「政策保有株式ゼロ方針に基づくコーポレートガバナンス基本方針の改定及び三井住友信託銀行株式会社の政策保有株式（国内上場）の議決権行使基準制定について」（2021 年 11 月 11 日公表）参照。
70)　「金融審議会ディスクロージャーワーキング・グループ報告―資本市場における好循環の実現に向けて―」（2018 年 6 月 28 日公表）15 頁。

> 会社（政策保有株主）からその株式の売却等の意向が示された場合
> には、取引の縮減を示唆することなどにより、売却等を妨げるべき
> ではない。

対話ガイドライン4-2-3

4-2-3. 自社の株式を政策保有株式として保有している企業（政策保
有株主）から当該株式の売却等の意向が示された場合、取引の縮減
を示唆することなどにより、売却等を妨げていないか。

　本補充原則は、上場会社に対して、政策保有株主からその株式の売却等
の意向が示された場合に、取引の縮減を示唆することなどにより売却等を
妨げないよう要請している。

　本補充原則は、2018年のコーポレートガバナンス・コードの改訂に際
して設けられた。この改訂へ向けた議論においては、政策保有株式を保有
する企業が、保有の意義が乏しいとして発行会社に対して売却の意向を示
した場合に、発行会社が取引の縮減を示唆することなどにより売却等を妨
げている場合があるとの指摘がなされた。この指摘を踏まえ、同年のコー
ド改訂において本補充原則が設けられた。

　政策保有株式については、かねてより、保有されている会社が政策保有
株式の売却を妨げる動きが見られると指摘されてきた。投資家からは、こ
うした実態に着目して、政策保有株式は、取引継続との間で、いわば「人
質」ともいうべき関係にあるのではないか、「保有されている側」が「保
有している側」に過度な便益を与えていることになるのではないか、など
として、一般株主との利益相反がある等の指摘がなされている[71]。また、
いわゆる「安定株主政策」に対しては、投資家から、株主からの付託に対
する緊張感が薄れ、経営に甘さが出るのではないかとの懸念や、社員が
「安定株主の取引先は身内だから、品質が劣っていても発注する」などの

71）　投資家フォーラム「政策保有株式に関する意見」（2015年9月）参照。

判断を行うようになり、事業活動を非効率にするなどの問題を生じさせる等の懸念が指摘されている[72]。

政策保有株式については、友好的関係にある企業や取引先等と相互に安定株主となることで、短期的な視点の株主による経営への介入を制約して、長期的視点の安定的経営を強化するという役割を果たしたという見方もある。また、資本提携やジョイントベンチャーなどの協業関係を通じて企業価値の向上が図られるのであれば、当事会社の一般株主にとっても利益となると考えられ、そうした関係を過度に抑制することは必ずしも望ましい結果をもたらすとは限らないとも考えられる。しかし、機関投資家側の懸念が上述のように大きいことに鑑みると、上場会社が政策保有について機関投資家の理解を得る観点からは、本補充原則の趣旨に照らした対応を進めることが望ましいと考えられる。

実務上は、業務提携と資本提携が密接に関連しており、政策保有株式の長期保有が業務提携契約の内容とされている場合が考えられる。2018年のコード改訂時のパブリックコメント手続では、こうした契約関係の下で、政策保有株式の売却を一方が打診した場合に、他方が取引の縮減を示唆することは許容されるべきとのコメントが出された。このコメントに対しては、本補充原則はこのような合意や契約を禁止するものでは必ずしもないが、政策保有株式を保有する上場会社から政策保有株式の売却等の意向が示された場合に、発行会社が取引の縮減を示唆することなどにより売却等を妨げるような対応をとるべきではないとの見解が示されている[73]。

対話ガイドライン4-2-3においても、こうした点についての対話を促すため、本補充原則と同様の趣旨が示されている[74]。

---

[72] 機関投資家協働対話フォーラム「エンゲージメント・アジェンダ「政策保有株式に関する方針」政策保有株式に関する投資家の共通見解と協働対話のお願い」（2020年9月公表）。

[73] 2018年パブコメ回答 No.251.

[74] 田原ほか・16頁。

補充原則 1-4②

> 1-4②　上場会社は、政策保有株主との間で、取引の経済合理性を十分に検証しないまま取引を継続するなど、会社や株主共同の利益を害するような取引を行うべきではない。

対話ガイドライン 4-2-4

> 4-2-4. 政策保有株主との間で、取引の経済合理性を十分に検証しないまま取引を継続するなど、会社や株主共同の利益を害するような取引を行っていないか。

　本補充原則は、「保有されている側」の上場会社に対して、政策保有株主との間で、取引の経済合理性を十分に検証しないまま取引を継続するなど、会社や株主共同の利益を害するような取引を行わないよう求めている。

　本補充原則は、フォローアップ会議において、企業と政策保有株主との間で行われる取引が、当該企業にとって経済合理的でない可能性があるといった指摘がされたことを踏まえ、企業が、政策保有株主との間で行う取引自体の合理性を検証することが重要である旨を示したものである。この関係で、2018 年のコード改訂時のパブリックコメント手続では、「取引の経済合理性」には取引の正当性・公正性の観点が含まれるとした上で、取引の経済合理性の検証にあたっては、例えば、政策保有株主でない他の類似の取引先との取引条件等と比較して、なぜ政策保有株主である取引先と行っている取引が合理的と認められるのか等の観点が重要との見解が示されている[75]。

　対話ガイドライン 4-2-4 においても、こうした点についての対話を促すため、本補充原則と同様の趣旨が示されている[76]。

---

75)　2018 年パブコメ回答 No. 257、田原ほか・16 頁。
76)　田原ほか・16 頁。

原則 1-5

> 【原則 1-5.　いわゆる買収防衛策】
> 　買収防衛の効果をもたらすことを企図してとられる方策は、経営陣・取締役会の保身を目的とするものであってはならない。その導入・運用については、取締役会・監査役は、株主に対する受託者責任を全うする観点から、その必要性・合理性をしっかりと検討し、適正な手続を確保するとともに、株主に十分な説明を行うべきである。

本原則は、上場会社に対して、以下の対応を求めている。
(ア)　買収防衛の効果をもたらすことを企図した方策をとる場合には、これを経営陣・取締役会の保身を目的とするものとしないこと
(イ)　買収防衛の効果をもたらすことを企図してとられる方策の導入・運用については、取締役会・監査役が、株主に対する受託者責任を全うする観点から、その必要性・合理性をしっかりと検討し、適正な手続を確保すること
(ウ)　買収防衛の効果をもたらすことを企図してとられる方策の導入・運用にあたり、株主に十分な説明を行うこと

　本原則でいう「買収防衛の効果をもたらすことを企図してとられる方策」の内容について、コード策定時の立案担当者は、意図せずに買収防衛の効果を事実上もたらし得るような通常の事業活動等まで含まれるものではないが、いわゆるライツ・プラン型の買収防衛策のような特定の買収防衛策のみに限定されるものでもないと述べている[77]。
　実務上は、敵対的な公開買付けが開始された後、対象会社が多額の配当や重要な資産の売却等の実施を発表し、これにより同社の1株あたりの価値の低下が見込まれることから、買付者が公開買付けの撤回を余儀なくされるといった事態が生じることがある。このような場合には、当該配当や

---

77)　油布ほかⅡ・53頁。

資産売却は、その意図や目的次第では、本原則にいう「買収防衛の効果を
もたらすことを企図してとられる方策」に該当すると判断される余地もあ
ると考えられる。他方で、コード策定時の立案担当者は、「意図せずに買
収防衛の効果を事実上もたらし得るような通常の事業活動等」までがこの
方策に含まれるものではないとも述べている[78]。その見解に照らせば、例
えば敵対的な公開買付けの開始とは無関係にこうした配当や資産売却が計
画されていたなど、買収防衛の効果をもたらすことを企図していたのでな
ければ、本原則の対象とはならないということができよう。

　本原則の求める対応のうち(ア)について、コード策定時の立案担当者は、
買収防衛策がもたらす影響の大きさに鑑み、その目的が経営陣・取締役会
の保身であってはならないことを明記するものであると述べる[79]。実際に
も、経営陣・取締役会の保身を目的として、買収防衛の効果をもたらすこ
とを企図した方策を導入・運用してはならないことは、経営陣の会社に対
する受託者責任等の観点からも当然である。その意味で、(ア)は当然の内容
を確認的に記述したものと捉えるのが妥当であろう。

　次に、本原則の求める対応のうち(イ)及び(ウ)について、コード策定時の立
案担当者は、法令等の規律による一定の制約（開示の規律を含む）の適切
な遵守を含め、株主に対する受託者責任を全うする観点からの適切な対応
を求めるものであると考えられる旨を述べている[80]。この記述に照らせば、
買収防衛策の導入に際して上場規則や会社法・金融商品取引法上の開示の
規律[81] を適切に遵守することが、(イ)及び(ウ)の実施と相当程度重なり合う
ものといえよう。また、経済産業省及び法務省が公表している「企業価
値・株主共同の利益の確保又は向上のための買収防衛策に関する指針」に

---

78)　油布ほかⅡ・53 頁。
79)　油布ほかⅡ・53 頁。
80)　油布ほかⅡ・53 頁。
81)　例えば、有価証券上場規程では、開示の十分性、透明性、流通市場への影響、
　　株主の権利の尊重という 4 つの事項を遵守すべきとされている。また、会社法と金
　　融商品取引法では、事業報告と有価証券報告書において、買収防衛策の内容等につ
　　いて開示すべきとされている（会社法施行規則 118 条 3 号、開示府令 3 号様式記載
　　上の注意(10)・(35)、2 号様式記載上の注意(30)・(54)）。

沿った対応をすることも、本原則の求める対応のうちに含まれると考えることができよう。

　また、(ウ)にいう「説明」の方法に関しては、コード策定時の立案担当者は、コーポレート・ガバナンス報告書や有価証券報告書といった特定の媒体は指定されておらず、基本的にその手法や様式等は各上場会社における合理的な判断に委ねられていると考えられる旨を述べている[82]。

　買収防衛策は、株主及び投資家による敵対的買収への応募の判断のための情報提供の充実・期間の確保や、敵対的買収者により対象会社が支配された場合に企業価値や株主共同の利益が毀損されるおそれの回避等を目的とするものであると説明されることが多い。他方で、買収防衛策の効果の強さや期間の長さ、撤回の容易さ、発動条件の厳格さ等の内容次第では、敵対的買収を過度に困難としてしまいかねず、買収を通じた経営改善の機会や買収の脅威を通じた経営への規律付与の効果が必要以上に損なわれてしまいかねない。こうした買収防衛策の目的・役割と副作用の双方を踏まえつつ、買収防衛策の内容が、企業価値や株主共同の利益の観点から必要であり、かつその目的に照らして合理的な内容であることを、経営陣・取締役から株主・投資家に対して十分に説明することが求められている。

補充原則 1-5①

> 1-5①　上場会社は、自社の株式が公開買付けに付された場合には、取締役会としての考え方（対抗提案があればその内容を含む）を明確に説明すべきであり、また、株主が公開買付けに応じて株式を手放す権利を不当に妨げる措置を講じるべきではない。

　本補充原則は、上場会社に対して、自社の株式が公開買付けに付された場合に、以下の対応を求めている。

　(ア)　取締役会としての考え方（対抗提案があればその内容を含む）の明確

---

82)　油布ほかⅡ・57頁。

　な説明

⑷　株主が公開買付けに応じて株式を手放す権利を不当に妨げる措置を
　講じないこと

　本補充原則の要請のうち⑺について、コード策定時の立案担当者は、公
開買付けが株主に与え得る影響の大きさに鑑みてこうした説明を求めるこ
ととした旨を述べた上で、「説明」の手段・媒体等については、特段限定
されておらず、基本的には各上場会社の合理的な判断に委ねられていると
述べている。その上で、例えば、金融商品取引法上の意見表明報告書にお
いて「公開買付けに関する意見の内容、根拠及び理由」の記載が求められ
ていることを踏まえ、意見表明報告書において取締役会としての考え方等
を明確に記載して開示するなどといった対応も考えられる、と述べてい
る[83]。

　実務上は、公開買付けが開始された場合には、対象会社は公開買付公告
が行われた日から 10 営業日以内に、当該買付けに関する意見等を記載し
た意見表明報告書を提出することとされている（金融商品取引法 27 条の 10
第 1 項、施行令 13 条の 2 第 1 項）。この制度は、対象者が公開買付けに対し
てどのような意見を有しているかは、株主・投資者が的確な判断を行う上
で重要な情報であることを踏まえて設けられたものであり[84]、株主に対し
て応募を勧めるか否かや、その根拠・理由、利益相反回避措置の内容など
を記載することとされている。本補充原則の前段を実施とする上では、こ
の意見表明報告書を通じて、取締役会としての意見を開示することが基本
となる。

　本補充原則の要請のうち⑷については、「株主が公開買付けに応じて株
式を手放す権利を不当に妨げる措置」が何を指すのかが問題となる。

　この点について、コード策定時の立案担当者は、公開買付けが株主にと
って適切な株式の売却機会となり得ることから、基本的にはこうした売却

---

83)　油布ほかⅡ・53 頁。

84)　池田唯一ほか『新しい公開買付制度と大量保有報告制度』（商事法務、2007 年）
　　124 頁。

を妨害する効果のあるような措置を講じるべきでないことを示すものであるとしている。他方で、「不当に妨げる措置を講じるべきではない」との文言にも表れているとおり、必ずしもすべての公開買付けについてあらゆる措置を講じるべきでないとするものではなく、どのような場合にどのような措置を講じることが許容されるかについては、株主に対する受託者責任を全うする観点から合理的に判断することが期待されているとも述べている[85]。この「不当に妨げる」に該当するか否かの基準はコードでは明示されていない。プリンシプルベースの下で、上場会社各社において、自らの活動が本補充原則や原則1-5等の趣旨に照らして適切か否かを判断することが期待されていることとなる（第一・4(1)参照）。

　実務的には、敵対的な公開買付けがなされた場合、対象会社の経営陣は、意見表明報告書を通じて買付者に対して質問を行ったり（金融商品取引法27条の10第2項1号）、公開買付期間の延長請求をしたりすることがある。また、買収防衛策の導入・発動や大規模な第三者割当増資、多額の配当の実施、ホワイトナイトの確保などの対抗策を検討・実施することもある。こうした措置が「不当」であるか否かの判断においては、目的の正当性や、原則1-5に示されているように、措置の必要性・合理性が勘案されることとなろう[86]。

原則1-6

【原則1-6.　株主の利益を害する可能性のある資本政策】
　支配権の変動や大規模な希釈化をもたらす資本政策（増資、MBO等を含む）については、既存株主を不当に害することのないよう、取締役会・監査役は、株主に対する受託者責任を全うする観点から、そ

---

85)　油布ほかⅡ・53頁。
86)　中村・倉橋86頁は、取締役会が正当な目的により株主に不応募を推奨したり、ホワイトナイトを見つけてくることは、株主にとって有意義な情報や代替案を提供するものである等として、「不当に妨げる措置」に該当しないとの考え方を示している。ただし、実際の場面ではその境界線上の判断は難しいともあわせて述べている。

の必要性・合理性をしっかりと検討し、適正な手続を確保するとともに、株主に十分な説明を行うべきである。

本原則は、上場会社の取締役会・監査役に対して、支配権の変動や大規模な希釈化をもたらす資本政策について、以下の対応を求めている。

(ア)　必要性・合理性のしっかりとした検討

(イ)　適正な手続の確保

(ウ)　株主への十分な説明

コード策定時の立案担当者は、本原則について、大規模な増資やMBOに代表されるような、株主の利益を害する可能性のある資本政策の実施については、法令等の規律による一定の制約（開示の規律を含む）の適切な遵守を含め、株主に対する受託者責任を全うする観点からの適切な対応を求めるものである旨を述べている[87]。

この記述に照らせば、本原則への対応としては、会社法、金融商品取引法及び上場規則等における規律を遵守することが含まれていると考えられる。このような規律としては、以下のようなものが挙げられよう。

(i)　増資

会社法上、公開会社は、原則として取締役会決議により募集株式の発行を行うことができる。ただし、特に有利な価格による第三者割当増資については、株主総会決議が必要となる（会社法201条、199条3項）。さらに、株式を引き受ける者の議決権比率が新たに50％を超える場合において、総株主の議決権の10％以上の株主から反対の通知があったときは、株主総会の普通決議による承認が必要となる（会社法206条の2）。

次に、上場規則では、希釈化比率が25％以上である又は支配株主の異動が見込まれる第三者割当増資を行う場合には、一定の例外的な場合を除いて、①経営者から一定程度独立した者による当該割当ての必要性及び相

---

87)　油布ほかⅡ・53頁。

当性に関する意見の入手、または②当該割当増資に係る株主総会決議など
による株主の意思確認を実施することとされている（有価証券上場規程 432
条、同施行規則 435 条の 2）。また、適時開示事由または臨時報告書の提出
事由に該当する場合には、それぞれ上場規則及び金融商品取引法に基づく
開示を行う必要がある。

(ii) MBO

　MBO（マネジメント・バイアウト）とは、現在の経営者が全部または一
部の資金を出資し、事業の継続を前提として一般株主から対象会社の株式
を取得することをいう[88]。上場会社の経営者が MBO を行う場合は、公開
買付けにより 3 分の 2 または 9 割以上の株式を一般株主から取得した上で、
株式併合等の会社法上の手続を用いて、公開買付けに応募しなかった株主
から株式を強制的に取得する方法を取るのが一般的である。

　経済産業省が 2019 年に公表した M＆A 指針では、MBO の意義につい
て、資本市場における短期的利益の実現への期待や圧力から解放された長
期的思考に基づく柔軟な経営戦略や、ビジネスモデルの再構築、機動的な
事業ポートフォリオの転換等が実現しやすくなる等のメリットが挙げられ
ている。また、一般株主にとっても、市場株価を超える価格での株式売却
の機会が提供されるという意義があると指摘されている。

　他方で、MBO においては、上場会社の経営者と一般株主との間に、構
造的な利益相反が存在する。一般株主から上場会社の株式を取得する際の
対価を低くした方が、経営者にとって有利になる一方で、一般株主にとっ
ては不利となるためである。また、経営者は一般株主よりも会社について
豊富な情報を有することから、情報の非対称性も存在する。そのため、経
営者の利益が優先され、一般株主に不利な取引条件で M＆A が行われる
ことへの懸念が指摘されてきた。

　こうした懸念への対処法として、M＆A 指針では、一般株主利益の確保
等の観点から、特別委員会の設置や外部専門家の専門的助言、マーケッ

---

88)　M＆A 指針 4 頁。

ト・チェックの実施など、公正性を担保するための六つの手続（公正性担保措置）が、望ましいプラクティスとして示されている。

　本原則への対応としては、MBOの実施に際して、全体として取引条件の公正さを担保するための手続として十分かという観点を踏まえつつ、公正性担保措置が適切に実施されるようにしていくことが求められているといえよう[89]。

原則1-7

【原則1-7.　関連当事者間の取引】

　上場会社がその役員や主要株主等との取引（関連当事者間の取引）を行う場合には、そうした取引が会社や株主共同の利益を害することのないよう、また、そうした懸念を惹起することのないよう、取締役会は、あらかじめ、取引の重要性やその性質に応じた適切な手続を定めてその枠組みを開示するとともに、その手続を踏まえた監視（取引の承認を含む）を行うべきである。

　本原則は、上場会社の取締役会に対して、その役員や主要株主等との取引（関連当事者間の取引）について、以下の対応を求めるものである。
- (ｱ)　あらかじめ、取引の重要性やその性質に応じた適切な手続を定めること
- (ｲ)　(ｱ)の手続の枠組みの開示
- (ｳ)　(ｱ)の手続を踏まえた取引の監視（取引の承認を含む）

　上場会社の関連当事者など、上場会社の経営に対して影響力を有する者は、その影響力を駆使して、上場会社の利益を不当に損ねてでも自らの利

---

[89]　なお、M&A指針では、公正性担保措置の適切な組合せは、個別のM&Aの多様性に応じて多様なものとなり得るのであって、個別のM&Aにおける具体的状況に応じて、いかなる措置をどの程度講じるべきかが検討されるべきものとされており、公正性担保措置の全ての実施が求められているわけではない。

益の確保を図るといった経済的動機を有する。しかし、上場会社の一般株主と役員の間には情報の非対称性が存在するため、役員が自らまたは関連当事者等の利益を図ったとしても、一般株主がこれを適時に察知することができるとは限らない。こうした懸念が生じやすいことに鑑みて、本原則は、関連当事者間の取引について、適切な手続の策定・開示・監視等を求めるものである。

　関連当事者間の取引の規律としては、例えば、会社法において、取締役と会社との間の利益相反取引について取締役会決議（会社法365条・356条）が必要とされており、さらに事業報告における開示も義務付けられている。また、上場規則により適時開示が求められる場合には、相手方が関連当事者に該当するかやその理由の開示が求められている。しかし、コード策定時の立案担当者は、本原則の適用範囲について、必ずしもこうした規律の対象となる取引の範囲にとらわれず、会社や株主共同の利益を害するおそれのある関連当事者間の取引全般をその対象とするものであると述べている[90]。

　会社法上は、取締役個人と会社との取引や、取締役が他の法人を代理または代表して会社と取引を行う場合などが利益相反取引として取締役会での承認決議の対象となると解されている。他方で、例えば、取締役の妻子が経営する会社との取引については、会社法上の利益相反取引の承認決議の対象とはならないとの説も有力に主張されている[91]。こうした法令上の規制を遵守することは勿論のこととして、法令上の規制の外延が不明確である場合にも、取引の重要性やその性質に応じた適切な手続を定めることを本原則は求めていると考えられる。その際には、例えば、関連当事者の開示に関する会計基準における関連当事者の定義を参考とすることも選択肢として考えられよう[92][93]。

　コード策定時の立案担当者は、手続の内容について、（法令等による規律

---

90)　油布ほかⅡ・54頁。

91)　落合誠一編『会社法コンメンタール8──機関(2)』（商事法務、2009年）83頁〔北村雅史〕。

92)　企業会計基準第11号「関連当事者の開示に関する会計基準」5(3)項参照。

の許容する限りにおいて）一定のグラデーションがあり得ることを前提としており、必ずしもあらゆる取引について一律に取締役会における承認を求めるものではないとの旨を述べている。また、取締役会の承認だけでは適切な監視が実践できないと考える取引がある場合には、任意の諮問委員会を活用するなどの対応を行うことも、本原則の趣旨に適うものと考えられるとの旨が、あわせて述べられている[94]。

　支配株主との取引については、2021年のコード改訂により補充原則4-8③が新設された。同補充原則では、支配株主からの独立性を有する独立社外取締役の3分の1以上（プライム市場上場会社では過半数）の選任か、または独立社外取締役を含む独立性を有する者で構成された特別委員会の設置が新たに求められている。そのため、支配株主との取引を行う場合には、本原則と補充原則4-8③へいずれも対応することが求められている。

---

93)　澤口・内田・小林85頁は、企業会計基準11号にいう関連当事者のうち、上場会社とその子会社との取引は、上場会社に対して不利益を与える類型的なおそれが高いとはいえないことが通常であるため、実務上、本原則の対象となる取引には該当しないと解することにも一定の合理性があるとしている。

94)　油布ほかⅡ・54頁。

基本原則2

　上場会社は、会社の持続的な成長と中長期的な企業価値の創出は、従業員、顧客、取引先、債権者、地域社会をはじめとする様々なステークホルダーによるリソースの提供や貢献の結果であることを十分に認識し、これらのステークホルダーとの適切な協働に努めるべきである。

　取締役会・経営陣は、これらのステークホルダーの権利・立場や健全な事業活動倫理を尊重する企業文化・風土の醸成に向けてリーダーシップを発揮すべきである。

考え方

　上場会社には、株主以外にも重要なステークホルダーが数多く存在する。これらのステークホルダーには、従業員をはじめとする社内の関係者や、顧客・取引先・債権者等の社外の関係者、更には、地域社会のように会社の存続・活動の基盤をなす主体が含まれる。上場会社は、自らの持続的な成長と中長期的な企業価値の創出を達成するためには、これらのステークホルダーとの適切な協働が不可欠であることを十分に認識すべきである。

　また、「持続可能な開発目標」(SDGs) が国連サミットで採択され、気候関連財務情報開示タスクフォース（TCFD）への賛同機関数が増加するなど、中長期的な企業価値の向上に向け、サステナビリティ（ESG要素を含む中長期的な持続可能性）が重要な経営課題であるとの意識が高まっている。こうした中、我が国企業においては、サステナビリティ課題への積極的・能動的な対応を一層進めていくことが重要である。

> 　上場会社が、こうした認識を踏まえて適切な対応を行うことは、社会・経済全体に利益を及ぼすとともに、その結果として、会社自身にも更に利益がもたらされる、という好循環の実現に資するものである。

　コーポレートガバナンス・コードは、第2章において、「株主以外のステークホルダーとの適切な協働」を掲げている。コードの策定に当たって、当時のOECDコーポレートガバナンス原則の第3章に対応する章として、これが定められた。

　コーポレートガバナンス・コードで、株主以外のステークホルダーとの協働について独立した章を設け、相応の分量を割いた記述がなされた理由として、コード策定時の立案担当者は、コードの策定当時、OECDコーポレートガバナンス原則を踏まえるものとの方針が示されていたという事情を挙げている。加えて、我が国では伝統的にこうしたステークホルダーの権利や立場を幅広く尊重する企業文化・風土が根強いことを反映したものとみることができるとし、本章は我が国のコードの特色をなすものの一つといえるであろうとも述べている[1]。

　英独仏のコーポレートガバナンス・コードを見渡すと、株主以外のステークホルダーとの協働について独立した章を設けているものはない。しかし、英国コーポレートガバナンス・コードにおいては、2018年の改訂にあたり、従業員とのエンゲージメントのために、従業員により指名された取締役の選任等の手法の導入が求められるなど[2]、ステークホルダーとの適切な協働に関する記述が大幅に追加された。また、米国でも、経営者団体であるビジネス・ラウンドテーブルがステークホルダー主義を志向する旨の宣言を2019年に公表するなど[3]、ステークホルダー主義を再評価する動きが見られる。このように、諸外国においても、我が国のコーポレートガバナンス・コードに近い方向性が近時志向されているといえよう。

---

1)　油布ほかⅡ・55頁。
2)　UK Corporate Governance Code（2018）Provisions 1.5参照。
3)　Business Roundtable "Statement on the Purpose of a Corporation"（2019年8月19日公表）。

　我が国のコーポレートガバナンス・コードが策定された後も、中長期的な企業価値の向上に向けて、サステナビリティが重要な経営課題であるとの意識が高まっている。2015年9月には「持続可能な開発目標」（SDGs）が国連サミットで採択され、気候関連財務情報開示タスクフォース（TCFD）への賛同機関数が増加してきた。2021年のコード改訂に当たっては、こうした動向が本基本原則の「考え方」に追記された。また、補充原則2-3①の改訂や2-4①の新設などが第2章において行われた。

　本基本原則の一文目は、上場会社に対して、従業員、顧客、取引先、債権者、地域社会をはじめとする様々なステークホルダーとの適切な協働に努めることを求めている。この協働の内容は具体的には定められていない。何をすれば「適切な協働」といえるかについては、各社によって判断に幅があり得る。プリンシプルベースの下で、上場会社各社が、自らの活動が本基本原則の趣旨に照らして適切か否かを判断することが期待されている（第一・4(1)参照）[4]。

　本基本原則の二文目は、取締役会・経営陣に対して、これらのステークホルダーの権利・立場や健全な事業活動倫理を尊重する企業文化・風土の醸成に向けてリーダーシップを発揮するよう求めている。コード策定時の立案担当者は、この点について、ステークホルダーの権利・立場や健全な事業活動倫理を尊重する企業文化・風土の醸成は、一次的には取締役会・経営陣の役割・責務であることを示したものである（トーン・フロム・ザ・トップ）と述べている[5]。

<hr />

[4]　中村・塚本・中野60頁は、本基本原則について、多くの上場会社において賛同できるであろう心構えを説いたものであり、エクスプレインとする対応は考え難いと述べている。

[5]　油布ほかⅡ・55頁参照。

原則 2-1

> **【原則 2-1．中長期的な企業価値向上の基礎となる経営理念の策定】**
> 　上場会社は、自らが担う社会的な責任についての考え方を踏まえ、様々なステークホルダーへの価値創造に配慮した経営を行いつつ中長期的な企業価値向上を図るべきであり、こうした活動の基礎となる経営理念を策定すべきである。

　本原則は、上場会社に対して、以下の対応を求めるものである。
　(ア)　様々なステークホルダーへの価値創造に配慮した経営を行いつつ中長期的な企業価値向上を図ること
　(イ)　こうした活動の基礎となる経営理念を策定すること

　以上のうち(ア)については、ステークホルダーへの価値創造に配慮した経営の実践や中長期的な企業価値の向上は、コーポレートガバナンス・コードの基本的な考え方に沿ったものである。コードへの対応を真摯に進めている会社であれば、これらの対応を実施していると整理することに困難はないであろう。
　次に(イ)については、「経営理念」とは何を指すかが問題となる。コード策定時の立案担当者は、経営理念について、会社の価値観を定めるとともに事業活動の大きな方向性を定め、具体的な経営戦略・経営計画や会社の様々な活動の基本となるものであると説明した上で、その名称にかかわらず、このような内実を伴った理念・考え方を確立することが重要であると述べている[6]。このような内実を伴った理念・考え方の例としては、「社是」、「企業理念」、「創業の精神」などが該当し得ると指摘されている[7]。近時、ステークホルダー主義への関心の高まりの中で、「パーパス」の重要性が指摘されているところ、これもまた、本原則でいう「経営理念」に

---

6)　油布ほかII・55頁。
7)　中村・倉橋 95頁。

該当するといえよう[8]。

　経営理念に関するコーポレートガバナンス・コードの規律としては、本原則のほか、原則4-2で、取締役会に対して経営理念等を確立することが求められており、また、原則3-1(i)で、経営理念の開示が求められている。そのため、経営理念を策定する際には、これを取締役会で決定すると共に、その内容を開示する必要があることに留意する必要がある。

原則2-2

> **【原則2-2.　会社の行動準則の策定・実践】**
> 　上場会社は、ステークホルダーとの適切な協働やその利益の尊重、健全な事業活動倫理などについて、会社としての価値観を示しその構成員が従うべき行動準則を定め、実践すべきである。取締役会は、行動準則の策定・改訂の責務を担い、これが国内外の事業活動の第一線にまで広く浸透し、遵守されるようにすべきである。

> 〔コード原案の背景説明〕
> 　上記の行動準則は、倫理基準、行動規範等と呼称されることもある。

　本原則の一文目は、上場会社に対して、ステークホルダーとの適切な協働やその利益の尊重、健全な事業活動倫理などについて、会社としての価値観を示しその構成員が従うべき行動準則の策定と実践を求めている。また、本原則の二文目は、上場会社の取締役会に対して、行動準則の策定・改訂の責務を担い、これが国内外の事業活動の第一線にまで広く浸透し、遵守されるようにすることを求めている。

　この「行動準則」については、コード原案の背景説明において、倫理基準、行動規範等と呼称されることもあると説明されている。

---

8)　澤口・内田・小林90頁も同旨。

　本原則の求めに沿って、取締役会が行動準則の策定・改訂の責務を担うことを担保する観点からは、その旨を取締役会規程等において明確化しておくことが整合的である。関連して、補充原則2-2①では、取締役会は行動原則が広く実践されているかについてのレビューを行うこととされている。コード策定時の立案担当者は、このレビュー結果を踏まえて、必要に応じ行動準則の改訂を行うというプロセスを繰り返していくことは、行動準則を浸透、遵守させるためにも有効であろうとの考え方を示している[9]。

補充原則2-2①

> 2-2①　取締役会は、行動準則が広く実践されているか否かについて、適宜または定期的にレビューを行うべきである。その際には、実質的に行動準則の趣旨・精神を尊重する企業文化・風土が存在するか否かに重点を置くべきであり、形式的な遵守確認に終始すべきではない。

　本補充原則は、上場会社の取締役会に対して、行動準則が広く実践されているか否かについて、適宜または定期的にレビューを行うよう求めている。また、そのレビューに際して、実質的に行動準則の趣旨・精神を尊重する企業文化・風土が存在するか否かに重点を置くべきであり、形式的な遵守確認に終始すべきではないとの考え方があわせて示されている。
　実務上は、従業員等を対象とする各種の研修等を実施する際に、この行動準則についてのアンケート調査等を行うことが、行動準則の実践状況を把握するための手法としてまずもって考えられる[10]。その際の確認方法としては、形式的な遵守確認に終始すべきでないとの指摘に照らせば、単に「遵守している」「していない」の二択ではなく、具体的な場面をいくつか提示した上でそれぞれに遵守の程度を多段階で回答する形式としたり、低

---

9)　油布ほかⅡ・55頁。
10)　中村・倉橋97頁、中村・塚本・中野63頁。

スコアの部署・部門等に対して追加でヒアリング等を実施し原因究明を図るなどのフォローアップを行うことなども、選択肢として考えられよう。

　コード策定時の立案担当者は、こうしたレビューを行い、そのレビューの結果を踏まえて、必要に応じ行動準則の改訂を行うというプロセスを繰り返していくことは、行動準則を浸透、遵守させるためにも有効であろうとの考え方を示している[11]。

原則 2-3

【原則 2-3.　社会・環境問題をはじめとするサステナビリティを巡る課題】
　上場会社は、社会・環境問題をはじめとするサステナビリティを巡る課題について、適切な対応を行うべきである。

　本原則は、上場会社に対して、社会・環境問題をはじめとするサステナビリティを巡る課題について、適切な対応を行うよう求めている。

　「サステナビリティ」の内容については、第 2 章の「考え方」において「ESG 要素を含む中長期的な持続可能性」とされている。これは、スチュワードシップ・コードの前文冒頭におけるサステナビリティの記述と同じである。2020 年のスチュワードシップ・コードの再改訂において、サステナビリティの記述が改められた後、2021 年のコーポレートガバナンス・コードの改訂でも同じ記述が採用されたものである。

　次に、本原則の「社会・環境問題をはじめとする」というくだりは、ESG 要素のうち E（環境）と S（社会）に対応している。サステナビリティを巡る課題は、こうした E と S のほか、ガバナンスの問題をも含み得る。しかし、ガバナンスの問題は、特定の原則のみによってではなく、コーポレートガバナンス・コード全体を通じて対応を促すことが整合的である。こうした見地から、E と S の課題のみが本原則に挙げられている。

---

11)　油布ほか II・55 頁。

　本原則では、サステナビリティを巡る課題について「適切な対応」が求められている。この記述は、コーポレートガバナンス・コードの中でも特に抽象度の高い記載となっている。その理由として、コード策定時の立案担当者は、サステナビリティを巡る課題に対して具体的にいかなる対応を行うかは、会社の事業活動の規模や業種・業態に応じて多様な内容が考えられるため、各会社の自主的な取組みに委ねるべき部分が特に大きいことを考慮したものであるとの考えを述べている[12]。

　サステナビリティを巡る課題への対応は、2021年のコード改訂における3本柱の一つと位置付けられている。補充原則2-3①においては、主な課題の例示が追加された。補充原則4-2②においては、取締役会に対して自社のサステナビリティを巡る取組みについての基本的な方針を策定することが新たに求められた。そして、補充原則3-1③においては、自社のサステナビリティについての取組みの適切な開示があわせて求められることとなった。

補充原則 2-3①

> 2-3①　取締役会は、気候変動などの地球環境問題への配慮、人権の尊重、従業員の健康・労働環境への配慮や公正・適切な処遇、取引先との公正・適正な取引、自然災害等への危機管理など、サステナビリティを巡る課題への対応は、リスクの減少のみならず収益機会にもつながる重要な経営課題であると認識し、中長期的な企業価値の向上の観点から、これらの課題に積極的・能動的に取り組むよう検討を深めるべきである。

対話ガイドライン 1-3

> 1-3. ESG や SDGs に対する社会的要請・関心の高まりやデジタル

---

12)　油布ほかⅡ・55頁。

トランスフォーメーションの進展[13]、サイバーセキュリティ対応の必要性、サプライチェーン全体での公正・適正な取引や国際的な経済安全保障を巡る環境変化への対応の必要性等の事業を取り巻く環境の変化が、経営戦略・経営計画等において適切に反映されているか。また、例えば、取締役会の下または経営陣の側に、サステナビリティに関する委員会を設置するなど、サステナビリティに関する取組みを全社的に検討・推進するための枠組みを整備しているか。

本補充原則は、上場会社の取締役会に対して、以下の対応を取るよう求めている。

(ア)　サステナビリティを巡る課題への対応が重要な経営課題であると認識すること

(イ)　サステナビリティを巡る課題に積極的・能動的に取り組むよう検討を深めること

2021 年のコード改訂においては、サステナビリティを巡る多様な課題が本補充原則に新たに追記された。2021 年のコード改訂時の立案担当者は、その背景として、サステナビリティが重要な経営課題であるとの意識の高まりや、新型コロナウイルス感染症の拡大を経て、従業員の健康・安全や人材への投資といった観点から「S（社会）」の要素に対する注目の高まりがみられた点を挙げている[14]。

サステナビリティを巡る課題は、本補充原則に例示されている他にも、生物多様性の保護や動物愛護など、多様なものがあり得る。他方で、上場会社の業種や事業特性に応じて、重要なサステナビリティ課題はそれぞれに異なり得る。そのため、多様で幅広いサステナビリティ課題の全てへ均等・平板に対応するのではなく、いわゆるマテリアリティの観点を踏まえ、

---

13)　カーボンニュートラルの実現へ向けた技術革新やデジタルトランスフォーメーション等を主導するに当たっては、最高技術責任者（CTO）の設置等の経営陣の体制整備が重要との指摘があった。

14)　島崎ほか・11 頁。

自社にとって重要なサステナビリティ課題を特定し、重点的に対処していくという視点が重要となる。

2021 年改訂提言は、サステナビリティの要素として取り組むべき課題には、全企業に共通するものもあれば、各企業の事情に応じて異なるものも存在すると述べた上で、各社が主体的に自社の置かれた状況を的確に把握し、取り組むべきサステナビリティ要素を個別に判断していくことの重要性を指摘している[15]。このように、サステナビリティを巡る課題は多岐にわたることから、その対応にあたっては、社内の幅広い部門をどのように巻き込み、全社的な取組みとしていくかが重要となる。この点に関連して、2021 年の改訂では対話ガイドライン 1-3 が新設され、サステナビリティに関する取組みを全社的に検討・推進するための枠組みとして、取締役会の下または経営陣の側に、サステナビリティに関する委員会を設置することが例示されている。

本補充原則の求める、サステナビリティを巡る課題を「認識」することと「検討を深める」ことについて、コード策定時の立案担当者は、サステナビリティに関する具体的な取組みの内容は多様であり各会社に委ねるべき部分が大きいため、「取り組むべき」ではなく、「取り組むよう検討すべき」とワンクッション置いた表現を用いているとの旨を述べている[16]。2021 年のコード改訂においては、これまでの「検討をすべき」という表現から、検討をさらに一歩進めることを期待する趣旨で、「検討を深めるべき」へと表現が変更されている[17]。

サステナビリティを巡る課題については、本補充原則のほか、補充原則 4-2②が、取締役会に対して自社のサステナビリティを巡る取組みについて基本的な方針を策定するよう求めている。また、補充原則 3-1③が、自社のサステナビリティについての取組みの適切な開示を求めている。

---

15)　2021 年改訂提言 4 頁。
16)　油布ほかⅡ・56 頁。
17)　2021 年パブコメ回答 No.303。

コラム：ステークホルダー主義と株主至上主義

　コーポレートガバナンスのあり方を巡っては、企業の意思決定や監督が、誰の利益のために行われるべきかという問題が、しばしば議論の対象となる。この問題に対しては、米国の経営者団体であるビジネス・ラウンドテーブルが1997年にいわゆる株主至上主義の立場を表明した。その後、2019年に、従前の立場から脱却してステークホルダー主義を取る旨を表明している。

　このうち、株主至上主義とは、会社は株主利益の最大化のために経営されるべきとする立場である。この立場からは、経営者は、企業価値の向上に資する範囲を超えて、自らの裁量により、企業の社会的な責任のための支出等を行うべきではないとの考え方が導かれる。

　株主至上主義の論拠として最も説得力のある論拠は、株主の利益の最大化こそが社会全体の富の最大化をもたらすという主張である。株主以外のステークホルダーの利益は、多くの場合、企業の利益と相反する関係にある。そのため、これらのステークホルダーの利益のために会社を経営すべきとすると、個々のステークホルダーが自らの利益を会社の利益や他のステークホルダーの利益より優先しかねず、全体のパイの最大化が必ずしも図られない。これに対して、株主は、他のステークホルダーが会社と取引をした後のいわゆる残余利益のみを会社から得られる立場にある。そのため、株主の利益の最大化を目的として企業を経営すべきとすれば、残余利益の最大化を通じて全体のパイの最大化が図られる、とするのである（残余請求権者論）。

　株主至上主義の下では、上場会社は、他のステークホルダーの利益保護については法規制の下で求められる最低限の対応（ミニマム・リクワイアメント）を行った上で、株主の余剰の最大化を図ることが求められる。この際、株主以外のステークホルダーの利益は、労働規制や環境保護規制などの様々な規制によって別途保護されるべきだと考えられている。逆にいえば、株主至上主義の下で社会全体の価値の最大化が図られるためには、そうした規制が十分に整備されることが不可欠である。規制が不十分なまま、株主至上主義が徹底されるようであれば、企業が株主の利益の最大化を図る結果として、株主の利益の増加分を上回る損害を他のステークホルダーに及ぼしかねず、社会全体の総余剰を減少させてしまいかねない。

　次に、ステークホルダー主義とは、経営者は、株主の利益のほか、他のステークホルダーの利益をも踏まえて経営を行うべきであるとする立場である。この立場からは、株主の利益を優先して環境問題などの問題への対処が後回しにされることのないよう、経営者に対して株主以外のステークホルダーの利益にも配慮するよう義務付けることが有益であると主張される。近時、企業活動の

グローバル化に伴い、環境破壊や児童労働などの問題に対する規制が緩やかな国を選択して事業活動を行うことが容易となっている。そのような状況下では、株主以外のステークホルダーの保護は規制によって別途図られるべきとの前提が必ずしも妥当しない。そのため、株主以外のステークホルダーへの配慮を経営者に義務付けることが、社会全体の富の最大化の観点から重要になるとするのである。

　株主至上主義の根拠の一つである残余請求権者論に対して、ステークホルダー主義の立場からは、会社に対して残余請求権者としての立場にあるのは、必ずしも株主だけに限られないとの主張がなされる。例えば、会社が事業を継続し成長することで、従業員は雇用の安定や賞与・賃金の増加などを期待できるし、取引先も取引の安定や将来の取引機会の拡大などを期待できる。しかし、こうした将来の期待を現在の契約に全て反映することは、実際には不可能である。ゆえに、これらのステークホルダーは、会社の成長後にこれらの利得を得られることを期待するに留まる。その意味で、これらのステークホルダーも、程度の差はあれ、残余利益の拡大によって利益を得る立場にあるということができる。この見地からは、残余利益の最大化を通じて全体のパイの最大化を図るとすることが適切であるとしても、株主の利益の最大化のみを企業経営の目的とすることは必ずしも唯一の解ではないとの結論が導かれる。

　株主至上主義からステークホルダー主義に対する批判として、ハーバード大のベブチャック教授は、ステークホルダー主義の下では、誰をステークホルダーとして扱うかが経営者の裁量に委ねられており、様々なステークホルダーの利益をどのようにバランスさせるかの方法も示されていないため、経営者がどのように自らの裁量権を行使するかに深く依存することになってしまうとする[18]。同様に、米国の機関投資家団体である Conference for Institutional Investors（CII）も、全ての人に説明責任を負うということは、誰にも説明責任を負わないということだと述べた上で、ステークホルダー・ガバナンスが不適切な経営を覆い隠し、必要な変化を阻害するための隠れ蓑になれば、経済はより広く損失を被ることになるとする[19]。

　近時は、アクティビストが環境保護や動物愛護に係るキャンペーンや株主提案を行うなど、株主がステークホルダー主義の実践を促す動きが幅広く見られる。しかし、株主と企業との対話や議決権行使を通じて複数のステークホルダ

---

18)　See Bebchuk, Lucian A. and Tallarita, Roberto, The Illusory Promise of Stakeholder Governance. Cornell Law Review, Volume 106, 2020, pp. 91–178.

19)　See "Council of Institutional Investors Responds to Business Roundtable Statement on Corporate Purpose" August 19, 2019.

ー間の利害調整が図られることを期待しようとすれば、投資家の判断に、公正性や説明責任の確保が高い水準で求められることになる。株主が対話や議決権行使に割くことのできるリソースは有限であり、株主と企業との対話にどこまでの機能を期待できるか、現実的な判断が求められる場面も増えてこよう。

　株主至上主義とステークホルダー主義は、いずれも、基本的には、社会全体の富の最大化を企業経営の目的と位置付けている。株主至上主義の立場からみても、ステークホルダーに対して100の損害を与えつつ株主に50の利得を与える行為は、望ましくない。また、ステークホルダー主義の立場からも、労働者に50の利益を与えつつ、株主に100の損害を与える行為は、必ずしも望ましいとはされていない。目的はあくまで社会全体の富の最大化である。利得と損害の分配における不公正に対しては、税や福祉が主たる役割を果たすことが想定されている。

　我が国においては、株主利益の最大化を目指す立場には弊害があるといった主張が、従前から幅広くなされている。我が国のコーポレートガバナンス・コードは、株主以外のステークホルダーとの協働に独立した章を割いていることに見られるように、諸外国のコードに比べてステークホルダー主義に配慮した内容となっている。この立場が、今後さらに、株主以外のステークホルダーを重視する方向へ進むのか。また、そうであれば、誰がどのようにして経営者の説明責任を確保していくのか。今後の動向が注目される。

原則2-4

【原則2-4．女性の活躍促進を含む社内の多様性の確保】

　上場会社は、社内に異なる経験・技能・属性を反映した多様な視点や価値観が存在することは、会社の持続的な成長を確保する上での強みとなり得る、との認識に立ち、社内における女性の活躍促進を含む多様性の確保を推進すべきである。

本原則は、上場会社に対して、以下の対応を求めている。

(ア)　社内に異なる経験・技能・属性を反映した多様な視点や価値観が存在することは、会社の持続的な成長を確保する上での強みとなり得ると認識すること

(イ)　社内における女性の活躍促進を含む多様性の確保の推進

87

　コード策定時のパブリックコメント手続では、本原則で求められる「多様性」は性別に限られるわけではなく、各会社の置かれた状況に応じて、経歴・年齢・国籍・文化的背景等、幅広い内容が含まれるとの考え方が示されている[20]。また、2021年のコード改訂では、企業の中核人材における多様性の確保を改訂の3本柱の一つとして位置付けた上で、補充原則2-4①が新設され、「女性・外国人・中途採用者」が多様性の要素として特筆された。この際にも、パブリックコメント手続において、多様性の要素はこれらに限られたものではなく、各社において他の要素を加えることが考えられるとの見解が示されている[21]。性的少数者や障がい、人種など、諸外国では様々な多様性の要素を重視する動きがみられており、そうした要請へ適確に対処することも選択肢となり得る。

　コード策定時の立案担当者は、取締役会における多様性の確保については原則4-11と補充原則4-11①において記載されていると述べた上で、本原則は主に従業員レベルでの多様性の確保を念頭に置いたものであると述べている[22]。

補充原則2-4①

> 2-4①　上場会社は、女性・外国人・中途採用者の管理職への登用等、中核人材の登用等における多様性の確保についての考え方と自主的かつ測定可能な目標を示すとともに、その状況を開示すべきである。
>
> 　また、中長期的な企業価値の向上に向けた人材戦略の重要性に鑑み、多様性の確保に向けた人材育成方針と社内環境整備方針をその実施状況と併せて開示すべきである。

　本補充原則は、上場会社に対して、以下の項目の開示を求めている。

　㋐　多様性の確保についての考え方

---

20)　2015年パブコメ回答（英文）No.3参照。
21)　2021年パブコメ回答No.242ほか参照。
22)　油布ほかⅡ・56頁。

(イ)　多様性の確保についての自主的かつ測定可能な目標

(ウ)　多様性の確保の状況

(エ)　多様性の確保に向けた人材育成方針

(オ)　多様性の確保に向けた社内環境整備方針

(カ)　(エ)と(オ)の各方針の実施状況

　2021 年のコード改訂では、企業の中核人材における多様性の確保が改訂の 3 本柱の一つとして位置付けられ、本補充原則が新設された。コード改訂時の立案担当者は、その理由について、企業経営にとって多様性はイノベーションや新しい価値創造の源泉であり、コロナ後の企業の変革を加速させるために多様性の確保が重要であるといった指摘等があったことを挙げている。また、ジェンダーについて、例えば女性の管理職比率の状況をみると、緩やかに上昇しつつあるものの、国際的に比較しても低い水準にあり、しかも上級管理職となるにつれて比率が低くなる傾向があることや、職歴の多様性の一つとしての中途採用や、国際性の観点の例としての外国人の役員への登用に着目しても、そうした観点からの多様性の確保がいまだ不十分との指摘があったことを挙げている[23]。

　2021 年のコード改訂では、あわせて原則 4-11 が改訂され、取締役会レベルでの多様性に「職歴、年齢」が含まれる旨が新たに明確化された。

　本補充原則の文面上は、以上の(ア)と(イ)については「示す」ことが求められており、「開示すべき」とはされていない。しかし、2021 年 6 月に改訂されたコーポレートガバナンス報告書の記載要領では、「女性」「外国人」「中途採用者」のそれぞれについて、以上の(ア)～(ウ)を開示することとされている。また、同記載要領では、「女性」「外国人」「中途採用者」の管理職への登用について、この 3 項目の中に「自主的かつ測定可能な目標」を示さないこととする項目がある場合には、その旨及びその理由を記載することとされている。逆にいえば、この 3 項目のうちのいずれかについて、「測定可能な目標」も目標を示さない理由も記載していない場合には、本

---

23)　島崎ほか・9 頁参照。

補充原則をコンプライしてはいないと判断されることになる。

　この「測定可能な目標」について、2021年のコード改訂時のパブリックコメント手続では、「程度」という表現やレンジ（範囲）を用いて示す形や、現状の数値を示した上で「現状を維持」「現状より増加させる」といった目標を示す形や、努力目標として示す形であっても、「測定可能な目標」に含まれるとの考え方が示されている[24]。また、「目標」を示すに当たっては、達成する期間等も含め、分かりやすい開示が行われ、投資家との間で建設的な対話が進められることが有益だとの見解が示されている[25]。

　次に、㈦の多様性の確保の状況について、2021年のコード改訂時のパブリックコメント手続では、実際の進捗状況・達成状況を示すものであるとの見解が示されている[26]。

　女性の登用に関しては、「女性の職業生活における活躍の推進に関する法律」（女性活躍促進法）が、従業員101人以上の事業主に対して、以下の①と②の各区分からそれぞれ一以上の項目の公表を求めている[27]。

| ①　その雇用し、又は雇用しようとする女性労働者に対する職業生活に関する機会の提供に関する実績 | ・採用した労働者に占める女性労働者の割合
・男女別の採用における競争倍率
・その雇用する労働者及びその指揮命令の下に労働させる派遣労働者に占める女性労働者の割合
・係長級にある者に占める女性労働者の割合
・管理職に占める女性労働者の割合
・役員に占める女性の割合
・その雇用する労働者の男女別の職種の転換又はその雇用する労働者の男女別の雇用形態の転換及びその指揮命令の下に労働させる派遣労働者の男女別の雇入れの実績 |

---

24)　2021年パブコメ回答No.253。
25)　2021年パブコメ回答No.266ほか参照。
26)　2021年パブコメ回答No.268。
27)　女性活躍促進法20条1項、女性の職業生活における活躍の推進に関する法律に基づく一般事業主行動計画等に関する省令19条1項。

		・男女別の再雇用（通常の労働者として雇い入れる場合に限る。）又は中途採用（おおむね三十歳以上の者を通常の労働者として雇い入れる場合に限る。）の実績
②	その雇用する労働者の職業生活と家庭生活との両立に資する雇用環境の整備に関する実績	・その雇用する労働者（期間の定めのない労働契約を締結している者に限る）の男女の平均継続勤務年数の差異 ・男女別の継続雇用割合 ・男女別の育児休業取得率

　このほか、2021年のコード改訂時のパブリックコメント手続では、多様性の要素は女性・外国人・中途採用者に限られたものではなく、各社において他の要素を加えることが考えられるとの見解が示されている[28]。

原則2-5

【原則2-5．内部通報】
　上場会社は、その従業員等が、不利益を被る危険を懸念することなく、違法または不適切な行為・情報開示に関する情報や真摯な疑念を伝えることができるよう、また、伝えられた情報や疑念が客観的に検証され適切に活用されるよう、内部通報に係る適切な体制整備を行うべきである。取締役会は、こうした体制整備を実現する責務を負うとともに、その運用状況を監督すべきである。

　本原則は、上場会社に対して、内部通報に係る適切な体制整備を行うよう求めている。また、上場会社の取締役会に対して、内部通報に係る適切な体制整備を実現し、その運用状況を監督するよう求めている。
　本原則の趣旨について、コード策定時の立案担当者は、実効性の高い内部通報の体制整備を行うことは、違法または不適切な行為・情報開示を早

---

28)　2021年パブコメ回答No.242ほか。原則2-4の項も参照。

期に発見・是正し、ステークホルダーの権利・利益を保護することにつながるとともに、会社にとってもリスク管理に必要な情報収集機能の強化を意味するであろうと述べている[29]。これは、内部通報の体制整備が、法令順守の必要性を超えて、会社やそのステークホルダーにとっても有意義となり得るとの考え方を示すものである。

　本原則の求める「内部通報に係る適切な体制整備」については、2018年のコード改訂時におけるパブリックコメント手続において、この体制整備に当たっては「公益通報者保護法を踏まえた内部通報制度の整備・運用に関する民間事業者向けガイドライン」（消費者庁 2016 年 12 月 9 日）を踏まえることが考えられる、とされている[30]。また、2021 年のコード改訂時のパブリックコメント手続でも、原則 2-5 の「内部通報に係る適切な体制整備」に当たっては、2020 年の公益通報者保護法の改正が施行されれば、当該改正内容も踏まえて対応することが考えられる、とされている[31]。その意味で、本原則への対応に際しては、改正公益通報者保護法やこれらのガイドライン・指針の内容を踏まえることが重要となる。

　公益通報者保護法は 2020 年に改正され、内部通報に適切に対応するために必要な体制の整備義務が定められた[32]。その体制の具体的な内容については、消費者庁において公益通報者保護法に基づく指針[33] が策定されている。通報窓口の設定や、適切な社内調査、是正措置、通報を理由とした不利益取扱いの禁止、通報者に関する情報漏えいの防止、内部通報規程の整備・運用などが、その指針には含まれている[34]。改正法の施行期日は2022 年 6 月 1 日とされている[35]。

---

29)　油布ほかⅡ・56 頁。
30)　2018 年パブコメ回答 No. 306。
31)　2021 年パブコメ回答 No. 493。
32)　公益通報者保護法 11 条。
33)　公益通報者保護法第 11 条第 1 項及び第 2 項の規定に基づき事業者がとるべき措置に関して、その適切かつ有効な実施を図るために必要な指針（令和 3 年 8 月 20日内閣府告示第 118 号）。
34)　「公益通報者保護法の一部を改正する法律（令和 2 年法律第 51 号）に関する Q & A（改正法 Q & A）令和 2 年 8 月版」。

　本原則の二文目は、取締役会に対して、内部統制に係る適切な体制整備を実現し、その運用状況を監督するよう求めている。このうち運用状況の監督については、通報件数と各通報への検証結果・対応結果の概要を、取締役会に定期的に報告することなどが考えられる。また、公益通報者保護法に基づく指針で例示されている、以下のような手法も参考にしつつ、内部通報制度の運用自体について定期的な評価・点検を行うことも有意義であろう。

- ・　労働者等及び役員に対する内部通報制度の周知度等についての匿名アンケート調査
- ・　担当の従事者間における公益通報対応業務の改善点についての意見交換
- ・　内部監査及び中立・公正な外部の専門家等による公益通報対応業務の改善点等（整備・運用の状況・実績、周知・研修の効果、労働者等及び役員の制度への信頼度、本指針に準拠していない事項がある場合にはその理由、今後の課題等）の確認

補充原則 2-5①

> 2-5①　上場会社は、内部通報に係る体制整備の一環として、経営陣から独立した窓口の設置（例えば、社外取締役と監査役による合議体を窓口とする等）を行うべきであり、また、情報提供者の秘匿と不利益取扱の禁止に関する規律を整備すべきである。

対話ガイドライン 3-12

> 3-12. 内部通報制度の運用の実効性を確保するため、内部通報に係る体制・運用実績について開示・説明する際には、分かりやすいものとなっているか。

---

35)　公益通報者保護法の一部を改正する法律の施行期日を定める政令（令和 4 年 1 月 4 日）。

　本補充原則は、上場会社に対して、内部通報に係る体制整備の一環とし
て、以下の対応をとるよう求めている。

　㈠　経営陣から独立した窓口の設置（例えば、社外取締役と監査役による
　　　合議体を窓口とする等）
　㈡　情報提供者の秘匿と不利益取扱の禁止に関する規律の整備

　このうち「経営陣から独立した窓口」の意義について、コード策定時の
立案担当者は、外部の法律事務所等を通報窓口とすることも含まれるとの
考え方を示している[36]。2021 年のコード改訂時のパブリックコメント手
続でも、「社外取締役と監査役による合議体を窓口とする」との記載は例
示であり、内部通報の実効性確保の観点から各上場会社において適切に判
断することが想定されているとの見解が示されている[37]。

　公益通報者保護法に基づく指針では、内部公益通報受付窓口を設置し、
当該窓口に寄せられる内部公益通報を受け、調査をし、是正に必要な措置
をとる部署及び責任者を明確に定めることとされている。指針の解説では、
この窓口の設置に関連して、以下のような選択肢が示されており[38]、上場
会社にとって参考になるであろう。

　・　子会社や関連会社における法令違反行為の早期是正・未然防止を図
　　　るため、企業グループ本社等において子会社や関連会社の労働者等及
　　　び役員並びに退職者からの通報を受け付ける企業グループ共通の窓口
　　　を設置すること
　・　サプライチェーン等におけるコンプライアンス経営を推進するため、
　　　関係会社・取引先を含めた内部公益通報対応体制を整備することや、
　　　関係会社・取引先における内部公益通報対応体制の整備・運用状況を
　　　定期的に確認・評価した上で、必要に応じ助言・支援をすること

36）　油布ほかⅡ・56 頁。
37）　2021 年パブコメ回答 No.496。
38）　消費者庁「公益通報者保護法に基づく指針（令和 3 年内閣府告示第 118 号）の
　　　解説」（2021 年 10 月）8 頁。

　2021年のコード改訂では、内部統制やリスク管理体制の実効性確保のためには、内部通報制度が実効的に運用されていることが重要であるとの指摘を受けて、対話ガイドライン3-12が新設された[39]。内部通報制度の運用の実効性を確保するため、内部通報に係る体制・運用実績について開示・説明する際には、分かりやすいものとなっているかが、投資家との間の対話のアジェンダとして追加されたものである。関連して、公益通報者保護法に基づく指針では、事業者の内部公益通報対応体制が適切に機能していることを示す実績を労働者等及び役員に開示することが必要とされている。また、内部通報制度の運用実績の概要や内部通報制度の評価・点検の結果を、CSR報告書やウェブサイト等を活用して開示する等、実効性の高いガバナンス体制を構築していることを積極的に対外的にアピールしていくことが望ましいとの考え方が示されており、実務上参考となる。

原則2-6

> **【原則2-6．企業年金のアセットオーナーとしての機能発揮】**
> 　上場会社は、企業年金の積立金の運用が、従業員の安定的な資産形成に加えて自らの財政状態にも影響を与えることを踏まえ、企業年金が運用（運用機関に対するモニタリングなどのスチュワードシップ活動を含む）の専門性を高めてアセットオーナーとして期待される機能を発揮できるよう、運用に当たる適切な資質を持った人材の計画的な登用・配置などの人事面や運営面における取組みを行うとともに、そうした取組みの内容を開示すべきである。その際、上場会社は、企業年金の受益者と会社との間に生じ得る利益相反が適切に管理されるようにすべきである。

---

39)　島崎ほか・15頁。

対話ガイドライン 4-3-1、4-3-2

4-3-1. 自社の企業年金が運用（運用機関に対するモニタリングなどの
スチュワードシップ活動を含む）の専門性を高めてアセットオーナー
として期待される機能を発揮できるよう、母体企業として、運用に
当たる適切な資質を持った人材の計画的な登用・配置（外部の専門
家の採用も含む）などの人事面や運営面における取組みを行ってい
るか[40]。また、そうした取組みの内容が分かりやすく開示・説明さ
れているか。

4-3-2. 自社の企業年金の運用に当たり、企業年金に対して、自社
の取引先との関係維持の観点から運用委託先を選定することを求め
るなどにより、企業年金の適切な運用を妨げていないか。

　本原則は、上場会社に対して、企業年金がアセットオーナーとしての機
能を発揮できるよう、以下の対応を求めている。
　㋐　運用に当たる適切な資質を持った人材の計画的な登用・配置などの
　　　人事面や運営面における取組みの実施
　㋑　㋐の取組みの内容の開示
　㋒　企業年金の受益者と会社との間に生じ得る利益相反の適切な管理

　本原則は、2018年のコード改訂に際して新たに設けられたものである。
同年の改訂に先立ち、2017年のスチュワードシップ・コードの改訂に際
しては、コーポレートガバナンス改革を深化させ、インベストメント・チ
ェーンの機能発揮を促していくためには、最終受益者の最も近くに位置し、
運用機関に対して働きかけやモニタリングを行っているアセットオーナー
の役割が極めて重要であるとされた。一方で、2018年改訂提言では、企

---

40)　対話に当たっては、こうした取組みにより母体企業と企業年金の受益者との間
　　に生じ得る利益相反が適切に管理されているかについても、留意が必要である。

業年金において、スチュワードシップ活動への関心が総じて低く、スチュワードシップ活動を含めた運用に携わる人材が質的・量的に不足しているのではないかとの考えが示され、アセットオーナーとしての機能が必ずしも十分に発揮できていない状況にあることが指摘された。その上で、こうした課題は、一義的には企業年金自体において対処されるべきであるが、母体企業においても、企業年金の運用が従業員の資産形成や自らの財政状態に影響を与えることを十分認識し、企業年金がアセットオーナーとして期待される機能を実効的に発揮できるよう、自ら主体的に人事面や運営面における取組みを行うことが求められるとの考え方が示された[41]。さらに、本原則の要請のうち(イ)の開示が適切に行われているかについての対話を促す観点から、対話ガイドライン 5-1（現 4-3-1）が新設され、本原則と同様の内容が示された上で「そうした取組みの内容が分かりやすく開示・説明されているか」との点が示されている[42]。本原則への対応の検討にあたっては、こうした趣旨を踏まえることが重要である。

　本原則の要請のうち(ア)の「人事面や運営面における取組み」の内容について、対話ガイドライン 4-3-1 では、適切な資質を持った人材の企業年金の事務局や資産運用委員会への配置が例示されている。また、2018 年のコード改訂時の立案担当者は、適切な資質を持った人材の育成、運用受託機関との間で当該機関が実施するスチュワードシップ活動について対話を行う際の必要なサポートなどを追加的に挙げている[43]。

　次に、本原則の要請のうち(ウ)に関連して、2018 年のコード改訂時の立案担当者は、企業年金の受益者と会社との間に利益相反が生じ得る場面として、企業年金の投資先に母体企業や母体企業と利害関係がある企業の株式が含まれる場合の議決権行使の場面などが想定されると述べている。同改訂後も、この利益相反管理に関連して、運用委託先の決定に際し母体企業との取引関係を重視しているとする企業年金が存在するとの指摘[44] や、

41）　2018 年改訂提言 3 頁。
42）　田原ほか 17 頁。
43）　田原ほか 17 頁。
44）　フォローアップ会議意見書(4) 2 頁。

母体企業が企業年金の機能発揮に向けた人事面や運営面における取組みを積極的に行うことにより、利益相反が生じるおそれが一層高まるという懸念があるため、母体企業が利益相反の適正な管理に向けた積極的な措置を講じることが望ましい等の指摘がなされてきた。こうした指摘を踏まえ、2021 年の改訂において、対話ガイドライン 4-3-2 が新たに設けられた[45]。

---

45)　島崎ほか・19 頁。

▶第3章　適切な情報開示と透明性の確保

基本原則3

　　上場会社は、会社の財政状態・経営成績等の財務情報や、経営戦略・経営課題、リスクやガバナンスに係る情報等の非財務情報について、法令に基づく開示を適切に行うとともに、法令に基づく開示以外の情報提供にも主体的に取り組むべきである。

　　その際、取締役会は、開示・提供される情報が株主との間で建設的な対話を行う上での基盤となることも踏まえ、そうした情報（とりわけ非財務情報）が、正確で利用者にとって分かりやすく、情報として有用性の高いものとなるようにすべきである。

考え方

　　上場会社には、様々な情報を開示することが求められている。これらの情報が法令に基づき適時適切に開示されることは、投資家保護や資本市場の信頼性確保の観点から不可欠の要請であり、取締役会・監査役・監査役会・外部会計監査人は、この点に関し財務情報に係る内部統制体制の適切な整備をはじめとする重要な責務を負っている。

　　また、上場会社は、法令に基づく開示以外の情報提供にも主体的に取り組むべきである。

　　更に、我が国の上場会社による情報開示は、計表等については、様式・作成要領などが詳細に定められており比較可能性に優れている一方で、会社の財政状態、経営戦略、リスク、ガバナンスや社会・環境問題に関する事項（いわゆるESG要素）などについて説明等を行ういわゆる非財務情報を巡っては、ひな型的な記述や具体性を欠く記述となっており付加価値に乏しい場合が少なくない、との指摘もある。取締役会は、こうした情報を含め、開示・提供される情報が可能な限り

利用者にとって有益な記載となるよう積極的に関与を行う必要がある。法令に基づく開示であれそれ以外の場合であれ、適切な情報の開示・提供は、上場会社の外側にいて情報の非対称性の下におかれている株主等のステークホルダーと認識を共有し、その理解を得るための有力な手段となり得るものであり、「『責任ある機関投資家』の諸原則《日本版スチュワードシップ・コード》」を踏まえた建設的な対話にも資するものである。

コーポレートガバナンス・コードは、第3章において、「適切な情報開示と透明性の確保」を掲げている。これは、コードの策定に当たってOECDコーポレートガバナンス原則を踏まえるものとされたことを受けて、当時のOECDコーポレートガバナンス原則の第5章（開示及び透明性）に対応する章として定められたものである。

コーポレートガバナンス・コードの各原則のうち、特定の内容の開示を求める原則は、第3章以外にも存在する（第一・5(4)参照）。

本基本原則は、上場会社に対して、以下の対応を求めている。

(ｱ)　財務情報や非財務情報について、法令に基づく開示を適切に行うこと

(ｲ)　財務情報や非財務情報について、法令に基づく開示以外の情報提供に主体的に取り組むこと

(ｳ)　取締役会において、開示・提供される情報（とりわけ非財務情報）が、正確で利用者にとって分かりやすく、情報として有用性の高いものとなるようにすること

以上のうち(ｱ)は、本基本原則の「考え方」で述べられているように、法令に基づく開示が適時適切に行われることは「投資家保護や資本市場の信頼性確保の観点から不可欠の要請」であるとの観点から、上場会社として当然に対応すべき内容を確認的に述べたものである。

次に、(ｲ)と(ｳ)に関連して、本基本原則の「考え方」は、我が国の上場会社による情報開示のうち非財務情報について、ひな型的な記述や具体性を

欠く記述となっており付加価値に乏しい場合が少なくない、との指摘もあると述べた上で、取締役会は、こうした情報を含め、開示・提供される情報が可能な限り利用者にとって有益な記載となるよう積極的に関与を行う必要がある、と述べている。こうした考え方を背景として、以上のうち(イ)では、いわゆる任意開示への主体的な取組みが促され、また、(ウ)においては、開示される情報の一層の充実が上場企業に求められている。

　なお、(ウ)について、コード策定時の立案担当者は、「たとえば、情報開示に係る細かな決定等を取締役会に上程することを求めるものではなく、取締役会が主導的な立場で本文に述べたような実効的な情報開示を推進することを期待するものと考えられる」と述べている[1]。

　日本企業の開示を巡っては、本基本原則の「考え方」にも示されているように、ひな型的な記述や具体性を欠く記述となっており付加価値に乏しい場合が少なくない、との指摘もされている。例えば、アジアの機関投資家団体が 2020 年に公表した報告書では、主要な日本企業の開示内容に基づいて「Listed Companies」の評価が行われたところ、日本はこの項目で全 12 カ国中 11 位となっている[2]。こうした指摘の背景としては、第二次世界大戦後、日本企業の資金調達方法が間接金融を主体としていたことから、資本市場に対する積極的な開示の姿勢が相対的に乏しかったであろうことや、1990 年代まで上場企業の株主総会において総会屋が跋扈していたことへの対応として、株主や資本市場への情報提供に抑制的に対応しがちな実務慣行が形成されたこと等の事情が挙げられよう。

　コーポレートガバナンス・コードの策定後も、非財務情報の重要性の高まり等を受けて、開示の規律の強化が累次図られている。2016 年には、金融審議会の下に設置されたディスクロージャーワーキング・グループから報告書[3] が公表された。その提言に沿って、2018 年 1 月に開示府令が改正され、有価証券報告書と事業報告における記載の共通化や、株主総会

---

1)　油布ほかⅢ・42 頁。
2)　ACGA CG Watch 2020　21 頁参照。
3)　「ディスクロージャーワーキング・グループ報告─建設的な対話の促進に向けて─」（2016 年 4 月 18 日公表）。

日程の柔軟化のための開示の見直し、非財務情報の開示充実などが図られた[4]。また、2018 年には、コーポレートガバナンス・コードが改訂され、本基本原則の「考え方」において、いわゆる非財務情報の内容について「会社の財政状態、経営戦略、リスク、ガバナンスや社会・環境問題に関する事項（いわゆる ESG 要素）などについて説明等を行う」との記述が追加された。同年には、ディスクロージャーワーキング・グループからの報告書[5] も公表された。その提言に沿って、2019 年 1 月に開示府令が改正され、財務情報及び記述情報の充実や、建設的な対話の促進に向けた情報の提供などが図られた[6]。直近でも、2021 年のコーポレートガバナンス・コードの改訂後、同年 9 月からディスクロージャーワーキング・グループが開催され、サステナビリティやコーポレートガバナンス等について、開示のあり方の見直しへ向けた検討が進められている。

　このように、制度面からも、いわゆる非財務情報の開示の充実が継続的に図られてきている。我が国の上場会社が、情報開示につき規制上必要最小限の対応で済ませようとしがちな実務慣行を刷新し、情報開示の充実へより主体的に取り組んでいくことが期待されている。

原則 3-1

【原則 3-1．情報開示の充実】

　上場会社は、法令に基づく開示を適切に行うことに加え、会社の意思決定の透明性・公正性を確保し、実効的なコーポレートガバナンスを実現するとの観点から、（本コードの各原則において開示を求めている事項のほか、）以下の事項について開示し、主体的な情報発信を行うべきである。

　（ⅰ）　会社の目指すところ（経営理念等）や経営戦略、経営計画

---

4)　https://www.fsa.go.jp/news/29/sonota/20180126.html
5)　「ディスクロージャーワーキング・グループ報告―資本市場における好循環の実現に向けて―」（2018 年 6 月 28 日公表）。
6)　https://www.fsa.go.jp/news/30/sonota/20190131.html

> (ii)　本コードのそれぞれの原則を踏まえた、コーポレートガバナン
>   スに関する基本的な考え方と基本方針
>
> (iii)　取締役会が経営陣幹部・取締役の報酬を決定するに当たっての
>   方針と手続
>
> (iv)　取締役会が経営陣幹部の選解任と取締役・監査役候補の指名を
>   行うに当たっての方針と手続
>
> (v)　取締役会が上記(iv)を踏まえて経営陣幹部の選解任と取締役・監
>   査役候補の指名を行う際の、個々の選解任・指名についての説明

　本原則は、上場会社に対して、(i)から(v)までの事項について開示を求めている。この各項目は、いずれもコード中の他の原則と関連しているため、それぞれの関連する原則の内容をも踏まえた対応が必要となる。

(i)　会社の目指すところ（経営理念等）や経営戦略、経営計画

　「経営理念」については、関連する原則が以下の通り置かれている。

| 原則 2-1 | 上場会社に対して経営理念の策定を求めている |
| 原則 4-1 | 取締役会に対して経営理念等の確立を求めている |

　「経営理念」の内容について、コード策定時の立案担当者は次のように述べている。「経営理念」は、会社の価値観や事業活動の大きな方向性を定め、具体的な経営戦略・経営計画や会社の様々な活動の基本となるものであるとともに、株主を含むステークホルダーにとっては会社が様々なステークホルダーに配慮しつつどのように中長期的な企業価値向上を図っていくのかを理解するために不可欠な非財務情報の一つである[7]。

　「経営戦略」と「経営計画」については、関連する原則が以下の通り置かれている。

---

7)　油布ほかⅢ・36頁。

4-1	取締役会に対して、経営戦略と経営計画について建設的な議論を行うよう求めている
4-1②	取締役会と経営陣幹部に対して、中期経営計画が目標未達に終わった場合に、その原因等を分析した上で、株主への説明や次期以降の計画への分析結果の反映を求めている
4-11①	取締役会に対して、経営戦略に照らして自らが備えるべきスキル等を特定した上で、取締役会の全体としての知識・経験・能力のバランス、多様性及び規模に関する考え方の策定等を求めている
5-2	上場会社に対して、経営戦略や経営計画の策定・公表に当たって、収益計画や資本政策の基本的な方針を示すことや収益力・資本効率等に関する目標の提示等の対応を求めている
5-2①	上場会社に対して、経営戦略等の策定・公表に当たって、事業ポートフォリオに関する基本的な方針やその見直しの状況を示すよう求めている

　この「経営戦略」と「経営計画」は、上述のように、経営理念の示す考え方を基本に据えつつ策定されることが想定されている。また、経営戦略・経営計画の策定にあたっては、原則5-2や補充原則5-2①が示すように、資本コストの把握や収益計画・資本政策の基本的な方針の確立など、様々な対応があわせて求められる。さらに、原則4-11①では、経営戦略に照らして取締役会が備えるべきスキル等の特定と、取締役会の全体としての知識・経験・能力のバランス、多様性及び規模に関する考え方の策定等が求められている。

　本原則と他の原則との間にみられる関連性をここで概観しておくと、まず経営理念を確立し、次にその内容を基本として経営戦略・経営計画やその一部としての収益計画・資本政策・事業ポートフォリオの基本方針等を策定し、さらに経営戦略の内容を取締役会の構成にも反映するといった対応が、コーポレートガバナンス・コードでは想定されているといえよう。より簡潔にいえば、理念が戦略を導き、戦略が組織（取締役会）を決定することが想定されているともいえよう。こうした要請を踏まえれば、実務上の対応としては、経営理念、経営戦略・経営計画、取締役会の有するべきスキル、取締役候補者のそれぞれを、一貫した考え方に基づいて互いに整合的な内容とすることが重要となるであろう。

(ii) 本コードのそれぞれの原則を踏まえた、コーポレートガバナンスに関する基本的な考え方と基本方針

この「コーポレートガバナンスに関する基本的な考え方と基本方針」について、コード策定時の立案担当者は、「基本的な考え方」としては、各上場会社のコーポレートガバナンスに関する総論的な考え方を、そして「基本方針」としては、コード原案の個々の原則に対する大まかな対応方針を開示することが求められていると述べている。「それぞれの原則を踏まえた」との記載については、すべての原則・補充原則に対する基本方針の記載を求める趣旨ではなく、ある程度大まかにグルーピングした上で記載を行うことや、各上場会社が重要と考える原則に絞って記載を行えば足りるとの考え方を示している[8]。

また、コード策定時の立案担当者は、この「基本的な考え方と基本方針」について、海外でコーポレートガバナンス・ガイドラインと呼ばれるものに相当すると考えることもできると述べた上で、ニューヨーク証券取引所の上場会社マニュアルでコーポレートガバナンス・ガイドラインの策定が求められており、多い場合で10頁程度にわたる開示を行っている例も存在することを紹介している[9]。

コーポレートガバナンス・ガイドラインのような形式で、コーポレートガバナンスに関する基本的な考え方と基本方針を開示している例としては、アサヒグループ・ホールディングスやオムロンなど相当数が存在する。また、双日のように、コードの全原則についてどのように対応しているかを示している例も存在する。

コード策定時の立案担当者は、本項目を、「本原則において開示が求められている事項の中でもとりわけ重要かつ投資家からの関心度が非常に高い項目の一つ」と考えることができると述べている。その理由として、「各上場会社のコーポレート・ガバナンスに対する姿勢がここに端的に集約され得るからであり、また、そうであるからこそ、機関投資家をはじめ

---

8) 油布ほかⅢ・36頁、42頁。
9) 油布ほかⅢ・36頁、42頁。

とする多くの株主も、まずはここに着目し、記載の工夫や差別化の努力の有無などを含め、各上場会社の姿勢を見極めようとすることが予想される」としている[10]。

(iii)　取締役会が経営陣幹部・取締役の報酬を決定するに当たっての方針と手続

　本項目については、コード策定以後の制度改正により、会社法及び金融商品取引法でも共通する内容の開示が求められるようになっている。

　まず、会社法上、監査役会設置会社（有価証券報告書提出会社、公開会社かつ大会社に限る）と監査等委員会設置会社は、取締役会において、取締役の個人別報酬の報酬等の内容に係る決定方針を定めることとされている（会社法 361 条 7 項）。また、指名委員会等設置会社は、報酬委員会が取締役と執行役の個人別報酬等の内容に係る決定方針を定め、この方針に沿って個人別の報酬の額等を決定することとされている（会社法 409 条 1 項、3 項）。さらに、この方針の決定方法と方針の内容の概要、その決定を取締役その他の第三者に委任した場合には委任を受けた者の氏名や権限等が、事業報告の記載事項とされている（会社法施行規則 121 条 6 号、同 6 号の 3）。

　次に、金融商品取引法では、有価証券報告書において、取締役の個人別の報酬等の内容に係る決定方針の内容と決定方法を開示することとされている（開示府令 3 号様式・記載上の注意(38)、2 号様式・記載上の注意(57)）。また、役員の個人別報酬等の決定を取締役会が取締役その他の第三者に委任した場合には、委任を受けた者の氏名・地位や委任された権限の内容等を、また任意の委員会等にこの権限を委任した場合にはその委員会の活動状況等を記載することとされている（開示府令 2 号様式・記載上の注意(57) c）。

　こうした会社法及び金融商品取引法の規律に従いつつ、開示を適切に行えば、本項目のうち取締役に関する内容の開示は基本的に充足されると考えられる。

　このほか、経営陣幹部については、コードでは特に定義等が置かれてい

---

10)　油布ほかⅢ・36 頁。

ないため、その範囲が問題となる。コードの英文版では、「経営陣」と「経営陣幹部」について、それぞれ「management」と「senior management」という訳語が充てられていることからすれば、経営陣幹部は経営陣のうち上席の者を指すものと考えられる。しかし、社長や副社長、専務などといった肩書によって形式的に定まるものでは必ずしもない。この点についても、プリンシプルベースの下で、各社が適切に判断することが想定されているものといえる。その際には、例えば、当該会社の取締役や執行役員の人数、職掌、経営会議等への参加の有無・頻度などの実態も、考慮の要素に含まれ得よう。その結果として、取締役以外の者が経営陣幹部に含まれる場合には、その者についても報酬の決定方針等を同様に開示することが必要となる。

　経営陣幹部・取締役の報酬に関しては、コードに以下の原則が置かれているため、これらの原則への対応もあわせて検討することが求められる。

4-2	・経営陣幹部の迅速・果断な意思決定の支援 ・経営陣の報酬についての健全な企業家精神の発揮に資するようなインセンティブづけ
4-2①	・客観性・透明性ある手続による経営陣の報酬制度と具体的な報酬額の決定 ・業績連動報酬・現金報酬・自社株報酬の割合の適切な設定
4-10①	・報酬委員会の設置と適切な関与・助言

(ⅳ)　取締役会が経営陣幹部の選解任と取締役・監査役候補の指名を行うに当たっての方針と手続

　コード策定時の立案担当者は、本項目について、株主等のステークホルダーへの説明責任を果たす観点から、経営陣幹部の選任と取締役・監査役候補の指名に関する一般的な方針と手続（選任・指名の決定プロセス）をあらかじめ定めておき、これを開示することが求められていると述べている[11]。また、フォローアップ会議意見書(2)は、本項目に基づく開示の内容について、各上場会社が、経営環境や経営課題に対応して、いかなる取

締役会の構成をとること等により取締役会が求められる役割を果たしてい
こうとしているかが具体的に分かるようなものとなっていることが重要で
あると述べている。本項目に基づく開示を行うにあたっては、こうした考
え方を踏まえることが期待される。

　経営陣幹部の選解任と取締役・監査役候補の指名に関連して、コードで
は以下のように多くの原則・補充原則が置かれている。特に、補充原則
4-3①は経営陣幹部の選解任を「公正かつ透明性の高い手続」に従い行う
こととしており、補充原則4-3②及び4-2③は、CEOの選解任を「客観
性・適時性・透明性ある手続」に従い行うべきとしている。本項目に基づ
く開示を行う際には、これらの各原則の要請内容をも踏まえる必要がある。

4-3①	・経営陣幹部の選任や解任を公正かつ透明性の高い手続に従い適切に実行すべき
4-3②	・資質を備えたCEOを選任すべき
4-3③	・CEOを解任するための手続を確立すべき
4-10①	・独立した指名委員会を設置し、指名について適切な関与・助言を得るべき
4-11①	・取締役会に対して、経営戦略に照らして自らが備えるべきスキル等を特定した上で、取締役会の全体としての知識・経験・能力のバランス、多様性及び規模に関する考え方を策定すべき
4-11②	・取締役の兼任数を合理的な範囲に留めるべき

　具体的な対応の方向性としては、本項目が開示を求めている「方針」に
ついては、経営戦略に照らして取締役会が全体として備えるべきスキル等
をまず特定し、その上で、これを実現するための取締役会・監査役会の規
模・構成、専門的知見や国際性、ジェンダー、経歴等の多様性に関する考
え方等を定めることが考えられる（原則4-11、補充原則4-11①を参照）。ま
た、経営陣幹部についても、経営戦略に照らして必要とされる経営陣幹部
の資質・能力・経験の内容などを定めておくことが考えられる。本項目が

11）　油布ほかⅢ・37頁。

開示を求めている「手続」については、原則 4-10①に沿って指名委員会を設置している場合にはその構成・役割・権限などをあわせて開示することが考えられる（補充原則 4-3②・4-3③も参照）。

　なお、2018 年のコード改訂では、経営陣幹部の中でも、特に CEO の選解任は、企業の持続的な成長と中長期的な企業価値の向上を実現していく上で、最も重要な戦略的意思決定であり、社内論理のみが優先される不透明な手続によることなく、客観性・適時性・透明性ある手続によることが求められるとの見解が示された。そして、そのような観点から、本項についても、解任の方針・手続を含むことが明確となるよう、「選任」を「選解任」とする改訂がなされた[12]。そのため、選任だけでなく解任に係る方針・手続をも定める必要がある。

　その具体的な内容としては、例えば、選任に際して求めていた資質等を欠くことが明らかとなった場合や、期待される業績を相当期間にわたり達成できなかったなどの場合において、指名委員会の推奨に基づき取締役会において決定する、などとすることが考えられよう。経営陣幹部の任期が1 年など短期間に留まる場合には、任期中に解任すべき事情については、法令や重要な倫理違反があった場合などの限定的な場面に留めつつ、任期満了するごとに、選任の「方針」「手続」に沿って、当該 CEO に対する評価の結果をも踏まえつつ、再任の是非を判断することも選択肢となるであろう。

⒱　取締役会が上記⒤を踏まえて経営陣幹部の選解任と取締役・監査役候補の指名を行う際の、個々の選解任・指名についての説明

　コード策定時の立案担当者は、本項目について、⒤に基づき開示された方針・手続にのっとり、実際にどのように選任・指名が行われたかの説明を求めていると述べている[13]。その上で、このような情報は、株主総会における取締役・監査役の選任議案につき株主が賛否を検討するに当たって

---

12)　田原ほか・9 頁。
13)　油布ほかⅢ・37 頁。

の重要な情報にもなるため、株主総会参考書類に記載することが期待されているとし、そのようにするのであれば、コーポレートガバナンス報告書では参考書類を参照する方法による開示を取ることも可能であると述べている[14]。2018 年のコード改訂では、本原則の(iv)で上述したのと同様の趣旨から、(v)においても「選任」を「選解任」とする改訂がなされたため[15]、個々の解任についても説明を行うことが求められるようになった。

　会社法は、社外役員候補者について候補者とした理由を株主総会参考書類に記載することとしている（会社法施行規則 74 条 4 項 2 号、76 条 4 項 2 号）。実務上は、この開示にあたり、本項に基づく個々の選任・指名についての説明をあわせて行うと共に、社内役員についても同様の事項を開示することが考えられる。

補充原則 3-1①

> 3-1①　上記の情報の開示（法令に基づく開示を含む）に当たって、取締役会は、ひな型的な記述や具体性を欠く記述を避け、利用者にとって付加価値の高い記載となるようにすべきである。

　本補充原則は、取締役会に対して、情報開示にあたって、ひな型的な記述や具体性を欠く記述を避け、利用者にとって付加価値の高い記載となるようにするよう求めている。

　本補充原則では、2018 年のコード改訂において、「（法令に基づく開示を含む）」との記述が追加されている。コード改訂時の立案担当者は、その趣旨について、企業が利用者にとって付加価値の高い記載となるようにすべき情報開示に、有価証券報告書などの法令に基づく開示も含まれることを明確化したものだと述べている[16]。

　本補充原則は、基本原則 3 の「考え方」でも示されているように、日本

---

14)　油布ほかⅢ・37 頁、43 頁。
15)　田原ほか・9 頁。
16)　田原ほか・18 頁。

企業の非財務情報について、ひな型的な記述や具体性を欠く記述となっており付加価値に乏しい場合が少なくない、との指摘を踏まえて設けられた。実際にも、基本原則3の項でも述べたように、アジアの機関投資家団体が2020年に公表した報告書では、主要な日本企業の開示内容に基づいて「Listed Companies」の評価が行われたところ、日本はこの項目で全12カ国中11位となっている[17]。他方で、近時は、統合報告書やサステナビリティ報告書の発行や、法定開示における記述情報の開示の充実が進んでいると評価する声もあるなど、積極的な情報提供に努める企業も着実に増加している。

　いずれにせよ、規制上必要最小限の対応に終始することを当然視するのではなく、資本市場に対するマーケティング的視点を持って、投資家のニーズに積極的に応えることにより、自社の魅力を十分に伝えるような取組みが進められることが期待される。

補充原則3-1②

> 3-1②　上場会社は、自社の株主における海外投資家等の比率も踏まえ、合理的な範囲において、英語での情報の開示・提供を進めるべきである。
> 　特に、プライム市場上場会社は、開示書類のうち必要とされる情報について、英語での開示・提供を行うべきである。

　本補充原則の一文目は、上場会社に対して、合理的な範囲において英語での情報の開示・提供を進めるよう求めている。

　本補充原則は、補充原則1-2④が招集通知の英訳のみを扱っているのとは異なり、開示情報全般について英訳を促している。しかし、一文目において「合理的な範囲において」とされている点からも明らかなように、必ずしも全ての開示情報の英訳を求めているわけではない。コード策定時の立案担当者も、本補充原則の一文目について、補充原則1-2④と同様に、

---

17)　ACGA CG Watch 2020　21頁参照。

各上場会社の実情を踏まえた合理的な対応を期待するものであると説明している[18]。また、本補充原則でいう「進めるべきである」との記述については、英訳の検討をしているだけでもコンプライと考える余地があるとの指摘がある[19]。

　本補充原則の二文目は、プライム市場上場会社に対して、開示書類のうち必要とされる情報について、英語での開示・提供を行うよう求めている。これは2021年のコード改訂で新たに追加された。一文目とは異なり「進めるべき」とはされていないため、何らかの範囲で英文開示を行わなければ本補充原則のコンプライとはならないものと考えられる。

　この「合理的な範囲」がどこまで及ぶのかについて、2021年のコード改訂時のパブリックコメント手続においては、プライム市場がグローバルな機関投資家との建設的な対話を中心に据えた企業向けの市場区分と位置付けられていることを念頭に置き、そうした対話に資する情報開示となるよう、各社において、投資家のニーズ等も踏まえつつ適切に判断がされることが期待されるとの考え方が示されている[20]。

　関連して、東京証券取引所は、各上場会社の英文開示状況を一覧にとりまとめてウェブサイト上で公表している[21]。自社がどの範囲で英文開示を行うかの決定にあたっては、こうした情報をも参考とすることが考えられる。

補充原則 3-1③

> 3-1③　上場会社は、経営戦略の開示に当たって、自社のサステナビリティについての取組みを適切に開示すべきである。また、人的資本や知的財産への投資等についても、自社の経営戦略・経営課題との整合性を意識しつつ分かりやすく具体的に情報を開示・提供すべ

---

18)　油布ほかⅢ・37頁。
19)　中村・塚本・中野117頁。
20)　2021年パブコメ回答 No.524参照。
21)　https://www.jpx.co.jp/equities/listed-co/disclosure-gate/availability/index.html

きである。

　特に、プライム市場上場会社は、気候変動に係るリスク及び収益
機会が自社の事業活動や収益等に与える影響について、必要なデー
タの収集と分析を行い、国際的に確立された開示の枠組みである
TCFD またはそれと同等の枠組みに基づく開示の質と量の充実を
進めるべきである。

　本補充原則の一文目は、上場会社に対して、以下の情報の開示を求めて
いる。
　㈠　自社のサステナビリティについての取組み
　㈡　人的資本や知的財産への投資等

　本補充原則は、補充原則 2-3①及び 4-2②とあわせて、2021 年のコード
改訂の 3 本柱の一つであるサステナビリティを巡る課題への対処を上場会
社に促すものである。

　サステナビリティに関する取組みや開示の強化を図る動きは、近年、世
界的にも広がりを見せている。例えば、英国では、2021 年 1 月より、ロ
ンドン証券取引所プレミアム市場の上場企業に対して、コンプライ・オ
ア・エクスプレインの手法の下で、TCFD（Task Force on Climate-related
Financial Disclosures）の提言に沿った開示が求められている。また、2022
年 4 月 6 日以降に開始する会計年度から、上場会社及び一定の大会社に対
して、会社法により、TCFD の提言に沿った気候変動開示が義務づけら
れている。EU においては、サステナビリティ情報の開示を要求する、企
業サステナビリティ報告指令（Corporate Sustainability Reporting Directive、
いわゆる CSRD）の案が、2021 年 4 月に公表されている。さらに、米国で
は、気候関連開示を義務化する内容の開示規則案を、SEC が 2022 年 3 月
に公表している。

　2021 年のコード改訂で、新たに開示が求められることとなった人的資
本についても、海外で開示の充実・強化の動きが進められてきている。例
えば、米国では、SEC によって 2020 年 8 月に規則 S-K が改正され、

Item101（c）において、人的資本（human capital）についての開示が 2020 年 11 月より要求されている。この新たな開示規則では、事業を理解する上で重要な範囲で、人的資本・人的資源について開示することや、その開示にあたって、従業員の人数を含む人的資本についての説明や、会社が事業運営上重視する人的資本の取組みや目標が含まれる、とされている。この新たな規則に対応した開示は既に行われており、人的資本に関する概要や目標、従業員の人数に加え、従業員の内訳や、人材を育成・維持等するための主要なプログラムの内容を開示する例などが見られる。

　この他にも、2021 年 4 月における欧州委員会の非財務情報開示指令の改正案の公表や、2018 年 12 月における ISO30414「人的財産マネジメント——内部・外部向け人的資本報告のガイドライン」の公表など、人的資本に関連する開示の充実・強化の動きが世界で広がっている。

　我が国でも、金融審議会の下にディスクロージャーワーキング・グループを設置して、2021 年 9 月より、人的資本や多様性も含むサステナビリティやガバナンスなどに関する開示制度の見直しについて議論を行っている。また、経済産業省でも、2020 年 9 月に「持続的な企業価値の向上と人的資本に関する研究会報告書（人材版伊藤レポート）」が公表され、経営戦略と連動した人材戦略の重要性等が提言された。2021 年 7 月からは「人的資本経営の実現に向けた検討会」が開催され、人的資本経営の実現に向けた主要課題について、今後の具体的な対応の方向性等が議論されている。「非財務情報の開示指針研究会」においても、人的資本に関する開示の考え方等が議論され、2022 年 3 月に ISSB プロトタイプに対する基礎的見解と題する意見書が公表されている。知的財産に関する開示については、2021 年 8 月以降、内閣府及び経済産業省により設置された「知財投資・活用戦略の有効な開示及びガバナンスに関する検討会」において、知財投資・活用戦略の開示・発信のあり方や社内におけるガバナンスのあり方等に関するガイドラインの策定へ向けた議論が進められている。人的資本や知的財産に関する開示への取組みを検討する上では、これらの報告書等や議論の内容が参考になるであろう。

　2021 年のコード改訂時の立案担当者は、「自社の経営戦略・経営課題と

の整合性を意識しつつ」と記述されている点について、人的資本や知的財産への投資等は、前述のサステナビリティを巡る課題への対応同様、個社ごとに、経営戦略等に応じて取り組むべき内容が変わるべきであることを踏まえたものであると説明している[22]。

　2021 年の改訂に際しては、人件費を抑制して利益を確保する動きは将来の企業の成長にマイナスであり、人材へ適切な賃金を支払い、人的資本への投資を行うことが重要であるとの指摘もなされた。これを踏まえ、対話ガイドライン 2-1 では、「人件費も含めた人的資本への投資」として、「人件費」に言及している[23]。

　本補充原則の二文目は、プライム市場上場会社に対して、以下の対応を求めている。
　㋐　気候変動に係るリスク及び収益機会が自社の事業活動や収益等に与える影響についての必要なデータの収集と分析
　㋑　TCFD またはそれと同等の枠組みに基づく開示の質と量の充実を進めること

　TCFD とは、2015 年 12 月、金融安定理事会（FSB）により設立された気候関連財務情報開示タスクフォースのことをいう。このタスクフォースは、2017 年 6 月、企業による自主的な開示を促すための提言をまとめた最終報告書（「TCFD 提言」）を公表している。日本でも、2019 年 5 月、経団連等の呼びかけにより、「TCFD コンソーシアム」が設置されており、TCFD への賛同機関数は、2022 年 5 月 25 日時点で 878 の企業・機関に達っするなど、多数に上っている。
　また、「TCFD と同等の枠組み」の内容については、2021 年改訂提言において、今後、IFRS 財団によって、サステナビリティ開示の統一的な枠組みが TCFD の枠組みにも拠りつつ策定された場合には、これが原則 3-

---

22)　島崎ほか・12 頁。
23)　島崎ほか・17 頁。

1③にいう「TCFD と同等の枠組み」に該当するものとなることが期待される、との考え方が示されている[24]。IFRS 財団は、国際会計基準（IFRS）の設定主体である国際会計基準委員会（IASB）を傘下に擁する団体であるところ、2021 年 11 月に国際サステナビリティ基準審議会（ISSB）の設置を公表しており、今後、国際サステナビリティ報告基準の策定を行う予定である。

　この「質と量の充実を進めるべき」という記述について、2021 年のコード改訂時のパブリックコメント手続では、「進めるべき」との文言になっていることに照らせば、開示の質と量を充実させる方向で検討を進めていれば、（現時点では充実化した内容での開示に至っていなくても）コンプライとなるとの理解でよいか、との質問があった。これに対しては、「サステナビリティを巡る課題への対応の重要性に鑑み、取組みを進めていくためには、サステナビリティに関する開示の質の量の充実に向け、形式的ではなく実効的に着実に取組みを進めていくということが重要であると考えておりますところ、「開示の質と量の充実を進めるべき」と表現させていただいております。コンプライとなるか否かにつきましては、個別判断となりますところ、当取引所において一概に判断はできませんが、上記の趣旨を踏まえご対応いただく事になります」との回答がなされている[25]。

　この「進めるべき」という文言は、補充原則 1-2④や 3-1②にも定められている。このうち、例えば、補充原則 1-2④については、コード策定時の立案担当者より、招集通知の一部のみを英訳するという対応を行った場合でも、そのことにより同補充原則を直ちに実施していないことになるものではないとの考え方が示されている[26]。この考え方に照らせば、少なくとも、TCFD 提言で推奨されている開示項目である 4 分野・11 項目の一部のみを開示するという対応を行った場合でも、本補充原則をコンプライしていると整理することは認められると考えられよう。

　上場会社各社においては、2021 年のコードの改訂内容や、海外におけ

---

24)　2021 年改訂提言 4 頁。
25)　2021 年パブコメ回答 No. 324。
26)　油布ほか I・54 頁。

るサステナビリティ情報の開示に関する動向等も踏まえつつ、サステナビリティに関する取組みの充実と、サステナビリティ情報の開示の充実へ向けた取組みを積極的に進めていくことが期待される。

原則3-2

> **【原則3-2. 外部会計監査人】**
> 　外部会計監査人及び上場会社は、外部会計監査人が株主・投資家に対して責務を負っていることを認識し、適正な監査の確保に向けて適切な対応を行うべきである。

　本原則は、外部会計監査人及び上場会社に対して、外部会計監査人が株主・投資家に対して責務を負っていることを認識し、適正な監査の確保に向けて適切な対応を行うよう求めている。

　コード策定時の立案担当者は、この「外部会計監査人」について、公認会計士または監査法人を指すものだと述べている。また、立案担当者は、本原則が、外部会計監査人と上場会社の双方に対して、「外部会計監査人が株主・投資家に対して責務を負っていることを認識し、適正な監査の確保に向けて適切な対応を行う」ことを求めるものであるとした上で、上場会社において、外部会計監査人がこのような責務を負っていることの認識を深め、本原則につき実効的な対応を行うことを期待して、上場会社を本原則の名宛人に含めている旨を述べている[27]。

　本原則も、他の多くの原則と同様に、抽象度の高い記述となっている。何をすれば「適切な監査の確保」に向けた「適切な対応」といえるかについては、プリンシプルベースの下で、上場会社各社において判断することが期待されている（第一・4(1)参照）[28]。その際には、本原則の下に設けら

---

27)　油布ほかⅢ・37頁。
28)　中村・塚本・中野29頁は、「株主の権利を実質的に確保しない」という上場会社は少ないと思われると述べた上で、本原則にコンプライしないという方向性は考え難いと述べる。

117

れた補充原則 3-2①及び 3-2②への対応が軸となるであろう。

補充原則 3-2①

3-2①　監査役会は、少なくとも下記の対応を行うべきである。
　(i)　外部会計監査人候補を適切に選定し外部会計監査人を適切に評価するための基準の策定
　(ii)　外部会計監査人に求められる独立性と専門性を有しているか否かについての確認

　本補充原則は、監査役会に対して、以下の対応を求めている。
　㋐　外部会計監査人候補を適切に選定し外部会計監査人を適切に評価するための基準の策定
　㋑　外部会計監査人に求められる独立性と専門性を有しているか否かについての確認

　本補充原則の要請のうち㋐について、コード策定時の立案担当者は、2014 年の会社法改正において、株主総会に提出される会計監査人の選解任等に関する議案の内容を、監査役会設置会社においては監査役会が決定することとされたこと[29] も踏まえて、外部会計監査人の選解任プロセスに客観性を求めるものであるとしている[30]。その上で、会社法上、事業報告において開示が求められている「会計監査人の解任又は不再任の決定の方針」について、本補充原則に基づいて策定する基準の一部を構成するものと考えることができると述べている[31]。
　本補充原則の要請のうち㋑については、日本監査役協会が「会計監査人の評価及び選定基準作成に関する監査役等の実務指針」や「会計監査人の選解任等に関する議案の内容の決定権行使に関する監査役の対応指針」を

---

29)　会社法 344 条。
30)　油布ほかⅢ・37 頁。
31)　油布ほかⅢ・43 頁。

公表している。同実務指針は、会計監査人の評価基準・選定基準の策定に当たって考慮すべき重要な項目を挙げた上で、各項目について確認・留意すべき事項の例を解説している。また、同対応指針は、会計監査人の選解任等の議案決定権行使における会社法上の規律を概説した上で、監査役としての考え方及び実務対応例を示している。上場会社が、会計監査人の評価・選定基準を策定する上では、これらの指針の内容がいずれも実務上参考となる。

補充原則 3-2②

> 3-2②　取締役会及び監査役会は、少なくとも下記の対応を行うべきである。
> （i）　高品質な監査を可能とする十分な監査時間の確保
> （ii）　外部会計監査人から CEO・CFO 等の経営陣幹部へのアクセス（面談等）の確保
> （iii）　外部会計監査人と監査役（監査役会への出席を含む）、内部監査部門や社外取締役との十分な連携の確保
> （iv）　外部会計監査人が不正を発見し適切な対応を求めた場合や、不備・問題点を指摘した場合の会社側の対応体制の確立

　本補充原則は、取締役会及び監査役会に対して、以下の対応を求めている。
（i）　高品質な監査を可能とする十分な監査時間の確保
（ii）　外部会計監査人から CEO・CFO 等の経営陣幹部へのアクセス（面談等）の確保
（iii）　外部会計監査人と監査役（監査役会への出席を含む）、内部監査部門や社外取締役との十分な連携の確保
（iv）　外部会計監査人が不正を発見し適切な対応を求めた場合や、不備・問題点を指摘した場合の会社側の対応体制の確立

本補充原則が求める対応のうち(i)については、コード策定時の立案担当者は、外部会計監査人による監査が効果的・効率的に行われることは当然の前提であると断りつつ、開示情報の信頼性や監査の品質を確保する観点から、必要十分な監査時間を確保することは極めて重要であるとの考え方を示している[32]。取締役会及び監査役会においては、外部会計監査人との監査計画についての協議等の場面で、こうした点への配慮が求められるといえる。

本補充原則が求める対応のうち(ii)については、コード策定時の立案担当者は、外部会計監査人による適正な監査を確保する観点から、CEO・CFO 等のシニアレベルの責任者との直接的なコミュニケーションが確保されることは重要であるとした上で、本項目では、あえて取締役会や監査役会に対して、この点の実現の担保を求めたものだと述べている[33]。

この規律に対応する内容として、監査法人ガバナンス・コード[34] は、監査法人に対して、経営陣幹部及び監査役等との間で監査上のリスク等について率直かつ深度ある意見交換を尽くすとともに、監査の現場における被監査会社との間での十分な意見交換や議論に留意するよう求めている（指針 4-4）。

こうした本項目の趣旨に沿った対応としては、取締役会の側からは、外部会計監査人から面談の申し入れには可能な限り優先的に対応すべき旨を役員規程に定めておくことや、取締役会からシニアレベルの責任者及びその秘書等に対して本項目への対応をあらかじめ要請しておくこと等が考えられる。

本補充原則が求める対応のうち(iii)については、コード策定時の立案担当者は、上場会社内の問題を早期に発見し、適正な監査を確保する観点からは、いわゆる「三様監査」の連携を含む外部会計監査人と社内の関係機関や関係部署との連携が不可欠であるとした上で、このような観点から、外部会計監査人と監査役、内部監査部門や社外取締役との十分な連携の確保

32）　油布ほかⅢ・38 頁。
33）　油布ほかⅢ・38 頁。
34）　「監査法人の組織的な運営に関する原則」（2017 年 3 月 31 日公表）。

120

を取締役会及び監査役会の側に対して求めるものであると述べる。その上で、ここでいう連携には、外部会計監査人が必要と考える場合に監査役会に出席することも含まれると述べている[35]。

　2021 年 3 月期決算より、金融商品取引法上の監査人の監査報告書において、監査上の主要な検討事項（KAM）の記載が義務付けられている。その選定に当たっては、監査役等と監査人の協議が前提となっているため、両者の連携の重要性は 2015 年におけるコードの策定後、さらに高まっているといえる。

　こうした連携の具体的なあり方については、前述の日本監査役協会が策定している「会計監査人との連携に関する実務指針」や、日本監査役協会と日本公認会計士協会が共同で作成している「監査役等と監査人との連携に関する共同研究報告」の内容などが参考となる。外部会計監査人の側でも、前述の監査法人ガバナンス・コード指針 4-4 における規律のほか、公認会計士協会が策定している監査基準委員会報告書 260「監査役等とのコミュニケーション」に沿って、監査役等とのコミュニケーションを図るよう努めることとされている。外部会計監査人にとってのコミュニケーションの意義等を上場会社が理解する上では、それらの内容が参考となるであろう。

　本補充原則が求める対応のうち(iv)については、コード策定時の立案担当者は、上場会社の外部会計監査人が、監査証明を行うに当たって法令に違反する事実等を確認した場合には、金融商品取引法上、その内容や是正措置を上場会社に対して通知することが求められているところ（同法 193 条の 3 第 1 項）、本項目において求められている対応体制には、このような通知が行われた場合や、もう少し広く「不備・問題点」が指摘された後の上場会社における対応体制が含まれていると述べている[36]。こうした対応体制を整備する上では、上場会社における社内の報告ライン等をあらかじめ定めておくことが想定される[37]。

---

35)　油布ほかⅢ・38 頁。
36)　油布ほかⅢ・38 頁。
37)　中村・塚本・中野 118 頁。

▶ 第4章　取締役会等の責務

基本原則4

【基本原則4】

　上場会社の取締役会は、株主に対する受託者責任・説明責任を踏まえ、会社の持続的成長と中長期的な企業価値の向上を促し、収益力・資本効率等の改善を図るべく、

(1)　企業戦略等の大きな方向性を示すこと

(2)　経営陣幹部による適切なリスクテイクを支える環境整備を行うこと

(3)　独立した客観的な立場から、経営陣（執行役及びいわゆる執行役員を含む）・取締役に対する実効性の高い監督を行うこと

をはじめとする役割・責務を適切に果たすべきである。

　こうした役割・責務は、監査役会設置会社（その役割・責務の一部は監査役及び監査役会が担うこととなる）、指名委員会等設置会社、監査等委員会設置会社など、いずれの機関設計を採用する場合にも、等しく適切に果たされるべきである。

考え方

　上場会社は、通常、会社法が規定する機関設計のうち主要な3種類（監査役会設置会社、指名委員会等設置会社、監査等委員会設置会社）のいずれかを選択することとされている。前者（監査役会設置会社）は、取締役会と監査役・監査役会に統治機能を担わせる我が国独自の制度である。その制度では、監査役は、取締役・経営陣等の職務執行の監査を行うこととされており、法律に基づく調査権限が付与されている。また、独立性と高度な情報収集能力の双方を確保すべく、監査役（株主総会で選任）の半数以上は社外監査役とし、かつ常勤の監査役を置

くこととされている。後者の 2 つは、取締役会に委員会を設置して一定の役割を担わせることにより監督機能の強化を目指すものであるという点において、諸外国にも類例が見られる制度である。上記の 3 種類の機関設計のいずれを採用する場合でも、重要なことは、創意工夫を施すことによりそれぞれの機関の機能を実質的かつ十分に発揮させることである。

　また、本コードを策定する大きな目的の一つは、上場会社による透明・公正かつ迅速・果断な意思決定を促すことにあるが、上場会社の意思決定のうちには、外部環境の変化その他の事情により、結果として会社に損害を生じさせることとなるものが無いとは言い切れない。その場合、経営陣・取締役が損害賠償責任を負うか否かの判断に際しては、一般的に、その意思決定の時点における意思決定過程の合理性が重要な考慮要素の一つとなるものと考えられるが、本コードには、ここでいう意思決定過程の合理性を担保することに寄与すると考えられる内容が含まれており、本コードは、上場会社の透明・公正かつ迅速・果断な意思決定を促す効果を持つこととなるものと期待している。

　そして、支配株主は、会社及び株主共同の利益を尊重し、少数株主を不公正に取り扱ってはならないのであって、支配株主を有する上場会社には、少数株主の利益を保護するためのガバナンス体制の整備が求められる。

　本章は 36 の原則から構成されており、全 5 章のうちで最も原則数が多い。また、内容としても、CEO の選解任のあり方や一定数の独立社外取締役の選任、指名委員会・報酬委員会の活用など、コーポレートガバナンスへの取組みの核となる重要な内容が含まれている。これは、実効的なコーポレートガバナンスを実現する上で、取締役会に期待される役割の大きさの表れであるとみることができよう。

　本基本原則は、取締役会に対して、以下の対応を求めている。

⑺　企業戦略等の大きな方向性を示すこと

(イ)　経営陣幹部による適切なリスクテイクを支える環境整備

(ウ)　独立した客観的な立場から経営陣・取締役に対する実効性の高い監
　　督を行うこと

　コード策定時の立案担当者は、この(ア)から(ウ)までの内容を、それぞれ原
則 4-1、4-2 及び 4-3 において敷衍し、取締役会に期待される主要な役
割・責務を明確にしているとし、その上で、その後の関連する原則や補充
原則において、こうした役割・責務を適切に果たすために実施すべきと考
えられる諸原則を示している旨を述べている[1]。この見解に照らせば、原
則 4-1～4-3 へ適切に対応することをもって、本基本原則で求められてい
る(ア)～(ウ)への対応と見做すことが考えられよう。

　こうした本基本原則の内容に対しては、取締役会の業務執行機能よりも
監督機能が重視されており、モニタリング・モデルに親和性を有する取締
役会像が想定されていると考えられる旨が指摘されている[2]。しかし、取
締役会は会社法上も、取締役の職務の執行を監督する義務を負っている。
マネジメント・モデルを志向する取締役会であっても、この義務を免れる
わけではない。そして、「監督」の義務を果たす上で、独立性・客観性が
求められるという点は、取締役会のメンバーの全員が業務執行取締役であ
ったとしても変わりないはずである[3]。その意味において、本基本原則が
求める対応は、マネジメント・モデルを志向する取締役会においても、比
重の大小はあれ、果たされるべき内容だといえよう[4]（コラム「モニタリン
グ・モデルとマネジメント・モデル」126 頁も参照）。

　本基本原則の一文目では、取締役会の役割・責務が、会社の持続的成長
と中長期的な企業価値の向上を促し、収益力・資本効率等の改善を図ると
いう目的に向けて果たされるべきとの考え方があわせて示されている。こ

1)　油布ほかⅢ・39 頁。
2)　中村・塚本・中野 121 頁。中村・倉橋 141 頁も同旨。
3)　油布ほかⅢ・43 頁。
4)　澤口・内田・小林 138 頁も、コードは必ずしもモニタリング・モデルを含む特定
　　の取締役会のあり方を推奨しているとはいえないと述べている。

れは、コーポレートガバナンス・コードが「会社におけるリスクの回避・抑制や不祥事の防止といった側面を過度に強調するのではなく、むしろ健全な企業家精神の発揮を促し、会社の持続的な成長と中長期的な企業価値の向上を図ることに主眼を置いている」（コード原案序文 7 項）ことを踏まえたものである。こうした方向性は、例えば、原則 4-2 において、経営陣幹部による適切なリスクテイクを支える環境整備や、健全な企業家精神の発揮に資するようなインセンティブ付けが取締役会に対して促されている点にも表れている。

　関連して、本基本原則の「考え方」では、上場会社の意思決定が結果として会社に損害を生じさせた場合における経営陣・取締役の損害賠償責任の有無の判断に言及している。すなわち、同責任の有無を判断するに際しては、一般的に、その意思決定の時点における意思決定過程の合理性が重要な考慮要素の一つとなると考えられるとした上で、「本コードには、ここでいう意思決定過程の合理性を担保することに寄与すると考えられる内容が含まれており、本コードは、上場会社の透明・公正かつ迅速・果断な意思決定を促す効果を持つこととなるものと期待している」としている。コード策定時の立案担当者は、この点について、取締役等の善管注意義務違反に関する判断に際し、コードの趣旨・精神に沿った対応がどの程度取られていたかが、実務上争点の一つと考えられるようになり得るとの方向性を示している[5]。

　本基本原則の二文目は、取締役会の役割・責務が、監査役会設置会社、指名委員会等設置会社、監査等委員会設置会社など、いずれの機関設計を採用する場合にも、等しく適切に果たされるべきであるとしている。本基本原則の「考え方」においても、この二文目の内容が敷衍されており、3 種類の機関設計のいずれを採用する場合でも、重要なことは、創意工夫を施すことによりそれぞれの機関の機能を実質的かつ十分に発揮させることであるとの考え方が示されている。これに関連して、コード原案の序文 14 項は、コードがこれらの 3 種類の機関設計のいずれかを慫慂するもの

---

5)　油布ほかⅢ・39 頁。

ではなく、いずれの機関設計を採用する会社にも当てはまる、コーポレートガバナンスにおける主要な原則を示すものであると述べている。その上で、コードには、監査役会設置会社を想定したいくつかの原則（監査役または監査役会について記述した原則）が置かれているが、こうした原則については、監査役会設置会社以外の上場会社は、自らの機関設計に応じて所要の読替えを行った上で適用を行うことが想定されている旨が述べられている。

　2021年のコード改訂時には、本基本原則の「考え方」が改訂された。支配株主の責務について、「支配株主は、会社及び株主共同の利益を尊重し、少数株主を不公正に取り扱ってはならないのであって、支配株主を有する上場会社には、少数株主の利益を保護するためのガバナンス体制の整備が求められる」との記述が追加されている。これは、支配株主の少数株主に対する責務について示すと共に、支配株主を有する上場会社に少数株主利益保護のためにガバナンス体制の整備を求めたものであるといえよう。

　2021年のコード改訂時のパブリックコメント手続においては、この記述について、支配株主及び支配株主を有する上場会社における少数株主保護の基本的な考え方を示すものであって、基本原則・原則・補充原則ではないため、コンプライ・オア・エクスプレインの対象となるものではないとの考え方が示されている[6]。このうち、支配株主を有する上場会社におけるガバナンス体制の整備については、補充原則4-8③に具体的な内容が定められている。

コラム：モニタリング・モデルとマネジメント・モデル

　日本のコーポレートガバナンス改革に対しては、マネジメント・モデルからモニタリング・モデルへの移行を求めているとの指摘がしばしばなされる。他方で、現在のコーポレートガバナンス・コードは、プライム市場上場会社に対して3分の1以上の独立社外取締役の選任を求めるにとどまっている。過半数の独立社外取締役の選任は慫慂されているが、コンプライ・オア・エクスプレインの対象とはされていない（原則4-8）。これに対して、海外の投資家等か

[6]　2021年パブコメ回答No.400。島崎ほか・13頁も参照。

らは、独立取締役が過半数でなければモニタリング・モデルとしては十分でない等の指摘がなされている。日本のコーポレートガバナンス・コードは、マネジメント・モデルとモニタリング・モデルのいずれを志向していると理解すればよいのであろうか。

　まず、取締役会の主な機能には、指名や報酬の決定を通じて業務執行を評価することによる監督（「監督機能」）と、個別の業務執行の具体的な意思決定（「意思決定機能」）の二つが存在する[7]。このうち、意思決定機能に重点を置く取締役会のあり方はマネジメント・モデルと称され、監督機能に重点を置く場合にはモニタリング・モデルと称される。

　日本では、会社法上、重要な業務執行の決定と取締役の職務の執行の監督の双方が取締役会の役割とされている。そのいずれか一方に特化して他方を担わないといった対応は許容されていない[8]。他国においても、程度の差はあれ、取締役会は監督機能と意思決定機能の双方を果たすこととされている。その意味で、マネジメント・モデルとモニタリング・モデルとは、二つの機能への重点の置き方の強弱において相違するに過ぎない。二分法的ではなく連続的な概念だとみることができよう。

　かつての多くの日本企業のように、社内出身者のみから構成されている取締役会は、マネジメント・モデルの一つの典型例である。このモデルは、取締役会の構成員が業務の具体的な内容までよく知悉しているため、個別の業務執行の決定に優れる。他方で、構成員の同質性が高いために「社内の常識」にとらわれやすく、新たな視点が取締役会に不足しがちである。また、社内取締役が各部門の利益代表という立場を優先しがちであって、お互いに他の部門に対して厳しい指摘を避けがちであるとの指摘や、社内出身者のみでは人間関係の影響を排除することが難しく、独立かつ客観的な監督の実効性という点では限界があるなどと指摘されている[9]。

　これに対して、例えば多くの米国企業のように、CEO と CFO のみが社内取

---

7)　CGS ガイドライン 10 頁。

8)　油布ほかⅢ・43 頁脚注 39 でも、「「監督」を行う局面において取締役会に独立性・客観性が求められるという点は、仮に取締役会のメンバーの全員が業務執行取締役であったとしても変わらないはずであり、そうした場合でも、各取締役は自らの利害関係を離れ、取締役会全体として独立性・客観性を確保した上で判断を行うことが求められている」との考え方が示されている。

9)　例えば、CGS ガイドラインでは、これまで我が国企業の取締役会では、経営戦略に関する議論が十分にできていなかったところがあり、また、監督機能と意思決定機能のうち、意思決定機能が重視され、監督機能が十分に発揮されてこなかったところもあるとの指摘がされている（同 10 頁参照）。

締役であり、残りは独立取締役である場合は、モニタリング・モデルの典型例であるとみることができる。このモデルでは、取締役会の構成員の多くは業務の具体的な内容を必ずしも知悉していないため、個別の業務執行の決定には強みを有していない。他方で、取締役会が全体として多様な知見・経験・視点を有していることから、経営戦略等に関する大局的な観点からの意思決定には強みを有する。また、監督機能における独立性と客観性の確保にも優れる。

　現行の日本のコーポレートガバナンス・コードは、プライム市場上場会社に対して、3分の1以上の独立社外取締役の選任を求めると共に、指名委員会・報酬委員会を設置してその構成員の過半数を独立社外取締役とすることを基本とするよう求めている。これは、独立社外取締役を過半数とすることまでは求めず、取締役会での意思決定機能を重視する余地を残しつつ、指名・報酬といった重要な事項については独立かつ客観的な監督の実効性を特に確保するよう促すものといえる。こうした観点からは、現在のコードの規律は、かつての日本企業よりもモニタリング・モデルにより近いあり方を志向しているといえよう。他方で、英米をはじめとする諸外国における規律を比較すれば、日本の規律はマネジメント・モデルに近い位置付けを幅広く許容しているとみることもできよう。

　このマネジメント・モデルとモニタリング・モデルのいずれが望ましいかは、個々の企業の規模や事業分野、事業内容、置かれた状況等によって異なり得るとの指摘がある。他方で、英米、欧州、アジアをはじめとする諸外国の多くは、独立社外取締役を過半数とすることを求める等により、モニタリング・モデルをより徹底した取締役会へ移行済である。日本企業に対しても、海外の機関投資家から、モニタリング・モデルの更なる徹底を求める声が寄せられている。こうした声をも踏まえつつ、各企業が、自社の置かれた状況に照らして望ましいガバナンスのあり方を主体的に選択していくことが期待される。

原則 4-1

【原則 4-1．取締役会の役割・責務(1)】

　取締役会は、会社の目指すところ（経営理念等）を確立し、戦略的な方向付けを行うことを主要な役割・責務の一つと捉え、具体的な経営戦略や経営計画等について建設的な議論を行うべきであり、重要な業務執行の決定を行う場合には、上記の戦略的な方向付けを踏まえるべきである。

128

本原則は、取締役会に対して、以下の対応を求めている。

　(ｱ)　会社の目指すところ（経営理念等）を確立し、戦略的な方向付けを
　　　　行うことを主要な役割・責務の一つと捉えること
　(ｲ)　具体的な経営戦略や経営計画等について建設的な議論を行うこと
　(ｳ)　重要な業務執行の決定を行う場合に、上記の戦略的な方向付けを踏
　　　　まえること

　コード策定時の立案担当者は、本原則について、基本原則 4 の(1)に掲げ
られている「企業戦略等の大きな方向性を示すこと」の内容を敷衍したも
のであると述べている[10]。取締役会が実効的に機能するためには、意思決
定機能及び監督機能を果たす上で前提となる基本的な経営戦略や経営計画
について十分に議論し、これを決定することが必要となる。他方で、我が
国企業の取締役会では、経営戦略に関する議論が十分にできていなかった
ところがあると指摘されている[11]。この課題への対応策としては、取締役
会への付議事項を見直し、取締役会で議論されてきた事項のうち重要性が
高くない業務執行案件を縮小するとともに、経営戦略に関する議論や監督
機能に関する議論を充実させることが考えられる[12]。また、報告事項の付
議基準を見直して、業務執行状況の報告をきっかけとした業績評価などに
ついての審議の充実を図ることや、自社のコーポレートガバナンス・ガイ
ドライン等において、本原則に掲げる内容が取締役会の役割・責務に含ま
れることを記述することなども選択肢として考えられる[13]。
　なお、以上のうち(ｱ)と(ｲ)にいう経営理念、経営戦略及び経営計画等につ
いては、原則 3-1 でこれらの開示が求められているのをはじめ、以下のよ
うに、コードの他の原則で複数回にわたり言及されている。このうち、例
えば補充原則 4-11①は、経営戦略に照らして取締役会が自ら備えるべき

---

10)　油布ほかⅢ・39 頁。
11)　CGS ガイドライン 10 頁。このほか、社外取締役ガイドライン 19 頁では、長期
　　の経営戦略に割かれる時間の割合は 1 時間 11 分、中期の経営戦略・経営計画に割
　　かれる時間の割合は 3 時間 8 分に留まっていたとの調査結果が示されている。
12)　CGS ガイドライン 11 頁。
13)　中村・倉橋 145 頁。

スキルを備えるよう、取締役会に対して促している。また、4-1③は、経営理念や経営戦略を踏まえて CEO の後継者計画へ主体的に関与するよう取締役会に求めている。このように、CEO の人選や取締役会のあり方は、経営理念や経営戦略の内容を踏まえたものとすべきとの考え方に沿ったものになっている。

原則 2-1	上場会社に対して経営理念の策定を求めている
原則 3-1	上場会社に対して会社の目指すところ（経営理念等）や経営戦略、経営計画の開示を求めている
4-1②	取締役会と経営陣幹部に対して、中期経営計画が目標未達に終わった場合に、その原因等を分析した上で、株主への説明や次期以降の計画への分析結果の反映を求めている
4-1③	取締役会に対して、会社の目指すところ（経営理念等）や具体的な経営戦略を踏まえ、最高経営責任者（CEO）等の後継者計画（プランニング）の策定・運用への主体的な関与と、後継者候補の育成に対する適切な監督を求めている
4-11①	取締役会に対して、経営戦略に照らして自らが備えるべきスキル等を特定した上で、取締役会の全体としての知識・経験・能力のバランス、多様性及び規模に関する考え方の策定等を求めている
5-2	上場会社に対して、経営戦略や経営計画の策定・公表に当たって、収益計画や資本政策の基本的な方針を示すことや収益力・資本効率等に関する目標の提示等の対応を求めている
5-2①	上場会社に対して、経営戦略等の策定・公表に当たって、事業ポートフォリオに関する基本的な方針やその見直しの状況を示すよう求めている

　CGS ガイドラインも、経営戦略等は、監督する際に業務執行を評価する基準となり、個別の業務執行の決定を行う際にはその是非を判定する重要な指針になるとした上で、基本的な経営戦略や経営計画の決定は、取締役会の監督機能と意思決定機能のいずれを果たす上でも必要となるとの見解を示している[14]。

補充原則 4-1①

> **4-1①**　取締役会は、取締役会自身として何を判断・決定し、何を経営陣に委ねるのかに関連して、経営陣に対する委任の範囲を明確に定め、その概要を開示すべきである。

本補充原則は、取締役会に対して、以下の対応を求めている。
(ア)　取締役会から経営陣に対する委任の範囲を明確に定めること
(イ)　取締役会から経営陣に対する委任の範囲の概要を開示すること

　コーポレートガバナンス・コードは、基本原則 4 や原則 4-1 において、取締役会に対して、企業戦略等の大きな方向性を示し、経営理念等を確立して経営戦略・経営計画について建設的な議論を行うよう求めている。その上で、個別の業務執行の決定のうちどこまでを取締役会が担い、どこまでを CEO や経営陣に委ねるかは、会社によって異なり得る。取締役会の意思決定機能を重視する、いわゆるマネジメント・モデルを志向する会社は、個別の業務執行の決定のうち相当部分を取締役会で決定する。また、取締役会の監督機能を重視する、いわゆるモニタリング・モデルを志向する会社は、個別の業務執行の決定のうち相当部分を経営陣に委ねる。本補充原則は、そうした委任の範囲の明確化とその概要の開示を求めている。

　CGS ガイドラインは、我が国企業の取締役会では、経営戦略に関する議論が十分にできていなかったところがあり、あるいはまた、意思決定機能が重視され、監督機能が十分に発揮されてこなかったところがあると指摘している。その上で、こうした企業の取締役会が実効的に機能するためには、取締役会でのこれらの事項の議論を充実させるという課題への対応策として、取締役会への付議事項を見直し、取締役会で議論されてきた事項のうち重要性が高くない業務執行案件を縮小することが考えられるとしている。その効果としては、経営戦略に関する議論や監督機能に関する議

---

14)　CGS ガイドライン 10 頁。

論を充実させることや、委任の範囲を広げることによる経営判断の迅速性の向上等が挙げられている[15]。

　この取締役会から経営陣への委任の適切な範囲は、三つの機関設計のうちいずれを選択するかによって異なり得る。監査役会設置会社では「重要な業務執行の決定」を取締役に委任することができないとされている（会社法362条4項)[16][17]。これに対して、指名委員会等設置会社では、会社法416条4項各号に列挙されている事項を除いて、業務執行の決定を執行役に委任できるとされており、取締役会から執行役への委任が幅広く認められている。監査等委員会設置会社でも、社外取締役が過半数であるか、若しくは定款に定めを置いた場合には、基本的に同様の範囲について業務執行の決定を取締役に委任できるとされている（会社法399条の13第5・6項)。そのため、取締役会が業務執行の決定を幅広く経営陣に委任し、監督機能により重点を置くという選択肢を志向するとしても、監査役会設置会社では業務執行の決定の委任の範囲が相対的に限定される。

　監査役会設置会社でも解釈により取締役会による決議の範囲を狭くすることは一定程度可能であると指摘されている。例えば、2015年にコーポレート・ガバナンス・システムの在り方に関する研究会から公表された「法的論点に関する解釈指針」では、取締役会への上程が強制される範囲を限定的に考えるべきである場合として、①任意の指名委員会及び報酬委員会の設置や②社外取締役の選任を通じて監督機能の強化を意図している

---

16)「重要な」の判断基準について、判例は、「重要な財産の処分・譲受け」の場合には当該財産の価額、その会社の総資産に占める割合、当該財産の保有目的、処分行為の態様及び会社における従来の取扱い等の事情を総合的に考慮して判断されるとしている（最判平6年1月20日民集48巻1号1頁)。このうち金額的な重要性の目安として「会社の貸借対照表上の総資産額の1％相当額程度」との見解が実務上示されている（東京弁護士会会社法部編『新・取締役会ガイドライン〔第2版〕』（商事法務、2016年) 209頁)。
17)　令和元年改正会社法の審議過程において、監査役会設置会社についても重要な業務執行の決定を取締役へ委任することが議論されたが、最終的に見送られた経緯について、飯田秀聡「監査役設置会社の取締役会による重要な業務執行の決定の委任」商事法務2234号16頁参照。

場合、及び③内部統制システムの構築・運用がなされている場合を挙げている[18]。その理由としては、①については、監督機能を実効的に果たすため、取締役会において具体的な業務執行の決定は行い過ぎないほうがよいとの考え方が示されており、また、②については、①と同様の理由のほか、社外取締役がその会社の具体的な業務に関して、社内取締役と同程度の知識や知見を有することを期待されていないと述べた上で、意思決定機能の観点からも、取締役会への上程が強制される範囲は、社外取締役を含めて議論する必要がある具体的な意思決定に限られるべきとの考え方が示されている。最後に③については、取締役会において個別の業務執行の意思決定を行う必要性が低くなるとの考え方が示されている。

　こうした解釈論に沿うのであれば、取締役会に上程されるべき「重要な業務執行の決定」の範囲を一定程度まで狭く解することは可能であると思われる。他方で、法律上、「重要な業務執行の決定」の上程が強制されていることからすれば、監査役会設置会社は、指名委員会等設置会社や監査等委員会設置会社に比して、取締役会への上程の範囲を狭く解する点において相対的に限界があると考えられる。

　上場会社においては、こうした機関設計ごとの差異にも留意しつつ、経営陣に対する委任の範囲を明確に定めることが求められる。

　なお、経済産業省が 2020 年に公表したアンケート調査結果では、取締役会における 1 議題あたりの所要時間は平均で 19 分であり、一つの議題に 30 分を超える時間をかけている企業は 10% に留まっている[19]。また、同調査では、取締役会の議論を活性化させるために有効だと考える対策は何かとの質問に対して、社外取締役の 49% が「議案選定を見直し、経営戦略等に関する議論の時間を増やす」と回答している[20]。こうした調査結果に照らせば、多くの企業において、取締役会の付議事項を見直し、十分

---

18)　コーポレート・ガバナンス・システムの在り方に関する研究会「コーポレート・ガバナンスの実践〜企業価値向上に向けたインセンティブと改革〜」別紙 3「法的論点に関する解釈指針」（2015 年 7 月 24 日公表）。
19)　社外取締役ガイドライン参考資料 2・図表 29。
20)　社外取締役ガイドライン参考資料 2・図表 38。

な審議時間の確保を図る余地があるものと思われる（補充原則 4-12①(v)参照）。

　次に、本補充原則は、経営陣に対する委任の範囲の概要を開示するよう求めている。この「概要」の開示については、当初は「委任の範囲を明確に定め、これを開示すべき」とされていたところ[21]、コード策定時有識者会議において、「各社における取締役会付議・報告基準そのものの開示を求めているかのように誤解を受けるおそれがある」との指摘があった[22]ことを踏まえ、「概要」とされたものである。そのため、取締役会規則その他の内規そのものの開示が求められているわけではないと考えられる[23]。

補充原則 4-1②

> 4-1②　取締役会・経営陣幹部は、中期経営計画も株主に対するコミットメントの一つであるとの認識に立ち、その実現に向けて最善の努力を行うべきである。仮に、中期経営計画が目標未達に終わった場合には、その原因や自社が行った対応の内容を十分に分析し、株主に説明を行うとともに、その分析を次期以降の計画に反映させるべきである。

　本補充原則は、取締役会・経営陣幹部に対して、以下の対応を求めている。

(ア)　中期経営計画も株主に対するコミットメントの一つであるとの認識に立ち、その実現に向けて最善の努力を行うこと

(イ)　中期経営計画が目標未達に終わった場合には、以下の対応をとること

(ウ)　その原因や自社が行った対応の内容の十分な分析

---

21)　コード策定時有識者会議（第6回）事務局説明資料13頁。
22)　コード策定時有識者会議（第8回）内田章メンバー意見書1頁。
23)　油布ほかⅢ・39頁。

　㈎　株主への説明

　㈏　その分析の次期以降の計画への反映

　本補充原則では、「経営計画」ではなく「中期経営計画」とされている。これは、例えば 10 年にわたるような長期計画までをコミットメントとするのは不合理だとの観点を踏まえて、中期経営計画という形で限定をしたものであると説明されている[24]。この「中期経営計画」に該当するか否かは、その名称にかかわらず、実質的にみて中期経営計画といえる内容であるか否かによって判断されるとの考え方が、コード策定時のパブリックコメント手続において示されている[25]。また、中期経営計画を策定していない上場会社に対しては、本補充原則は適用されないとの考え方もあわせて示されている[26]。

　本補充原則の二文目は、日本企業の中期経営計画に対して、達成度合が低く計画実行力への信頼が低い等の指摘を踏まえて定められたものであると指摘されている[27]。ここでいう「説明」について、コード策定時の立案担当者は、有価証券報告書やコーポレートガバナンス報告書といった特定のものは想定されておらず、その手法や様式等は各上場会社における合理的な判断に委ねられるとの考え方を示している[28]。実務上は、次期の中期経営計画の公表時に、前の中期経営計画の達成状況をあわせて示すのが通常であり、その目標が未達であればあわせて未達の理由を示すことが投資家から期待されていると考えられる。

補充原則 4-1③

> 4-1③　取締役会は、会社の目指すところ（経営理念等）や具体的な
> 　　　経営戦略を踏まえ、最高経営責任者（CEO）等の後継者計画（プラ

---

24)　コード策定時有識者会議（第 7 回）議事録・油布企業開示課長発言。
25)　2015 年パブコメ回答（和文）No. 8。
26)　2015 年パブコメ回答（和文）No. 8。
27)　油布ほかⅢ・39 頁。
28)　油布ほかⅡ・57 頁。

ンニング）の策定・運用に主体的に関与するとともに、後継者候補
の育成が十分な時間と資源をかけて計画的に行われていくよう、適
切に監督を行うべきである。

対話ガイドライン 3-3

3-3. CEO の後継者計画が適切に策定・運用され、後継者候補の育
　　成（必要に応じ、社外の人材を選定することも含む）が、十分な時間
　　と資源をかけて計画的に行われているか。

本補充原則は、取締役会に対して、以下の対応を求めている。
㋐　最高経営責任者（CEO）等の後継者計画（プランニング）の策定・
　運用への主体的な関与
㋑　後継者候補の育成が十分な時間と資源をかけて計画的に行われてい
　くよう、適切に監督を行うこと

　本補充原則は、2015年のコード策定時には、「取締役会は、会社の目指
すところ（経営理念等）や具体的な経営戦略を踏まえ、最高経営責任者等
の後継者の計画（プランニング）について適切に監督を行うべきである」
とされていた。コード策定時の立案担当者は、会社の目指すところ（経営
理念等）や具体的な経営戦略を実現するに当たり、最高経営責任者等の後
継者の人選は最も重要な検討事項の一つであると述べた上で、現職の最高
経営責任者の一存に完全に委ねることとしてしまい、取締役会としては一
切関知しないというスタンスは望ましいとはいえないとの見解を示してい
る。他方で、現職の最高経営責任者が計画（プランニング）の立案を担う
こと自体が妨げられるものではないとも述べている[29]。
　その後、フォローアップ会議において、CEO の選解任は企業の最も重
要な戦略的意思決定であり、現職の CEO の一存に委ねるといった対応で

---

29)　油布ほかⅢ・40頁。

はなく、CEO の後継者候補の育成に十分な資源をかけて取り組むことが、企業の持続的な成長と中長期的な企業価値の向上を実現していく上で特に重要と考えられるとの指摘がなされた[30]。こうした指摘等を踏まえて、2018 年のコード改訂において、㋐の内容が追加されると共に、㋑において「後継者候補の育成が十分な時間と資源をかけて計画的に行われていくよう」との記述が追加された。また、CEO の後継者計画が適切に策定・運用され、後継者候補の育成（必要に応じ、社外の人材を選定することも含む）が、十分な時間と資源をかけて計画的に行われているかについて、投資家と企業との対話を促す観点から、対話ガイドライン 3-3 が設けられた[31]。

　本補充原則にいう「最高経営責任者（CEO）等」の内容について、コード策定時の立案担当者は、一般に後継者の人選がとりわけ重要と考えられる経営トップを指すものであり、各社の状況に応じ、CEO（または CEO 相当者）に限定するか、これに COO（または COO 相当者）も加えるほうがよいかといった点が考慮されるとの見解を示している[32]。また、2018 年のコード改訂時のパブリックコメント手続では、CEO に該当するか否かは、形式的な役職の名称によるのではなく、個々の上場会社の事情に応じ、実質的にそうした職責を担っているか否かによって判断されるべきとの考え方が示されている[33]。

　次に、後継者計画の文書化の要否について、コード策定時の立案担当者は、後継者の計画を適切に監督するためには、形式よりも実質が重要であるとし、例えば、必ずしも「計画書」といった特定の文書を作成し、取締役会決議で承認するようなことが想定されているわけではないと述べている[34]。他方で、2018 年のコード改訂時のパブリックコメント手続では、後継者計画の実効性を高める観点からは、例えば、計画の重要な部分につ

---

30)　フォローアップ会議意見書(2)。
31)　田原ほか・9 頁。
32)　油布ほかⅢ・40 頁。
33)　2018 年パブコメ回答 No.52。
34)　油布ほかⅢ・40 頁。

いては文書にするなど、上場会社ごとに工夫が求められるとの考え方が示されている[35]。

CEO の選解任は、会社における最も重要な戦略的意思決定である。取締役会には、客観性・適時性・透明性ある手続に従い、十分な時間と資源をかけて、資質を備えた CEO を選任することが求められる（原則 4-3②）。多くの実証研究においても、CEO の選任は、企業の業績や価値に影響を与える最大要因の一つであることが示されている[36]。

他方で、我が国では、次期 CEO 候補者たちが特定事業部門しか経験がなく、全社を俯瞰する視点を獲得していない事例も散見されるなど、CEO の資質・経験・能力を備えた候補者は必ずしも十分ではないと指摘されている[37]。こうした中で、資質を備えた CEO を選任するためには、中長期的な視点から、CEO 候補者の選抜と育成に取り組む必要がある。このような観点から、CGS ガイドラインは、社長・CEO に対して、就任したときから自らの交代を見据えて後継者計画に着手することを検討するよう促している[38][39]。

後継者計画については、2021 年のコード改訂により、補充原則 4-10①が改訂され、後継者計画を含む経営陣幹部の指名・報酬などの特に重要な事項に関する検討に当たり、独立した指名委員会の適切な関与・助言を得るべきとされた。そのため、後継者計画については、指名委員会からの適切な関与・助言をどのように確保するかもあわせて重要となる。

具体的な後継者計画の策定・運用に当たっては、CGS ガイドラインが、①後継者計画のロードマップの立案、②「あるべき社長・CEO 像」と評

---

35) 2018 年パブコメ回答 No. 71。

36) See Noam Wasserman, Nitin Nohria, Bharat N. Anand, "When Does Leadership Matter? The Contingent Opportunities View of CEO Leadership" (2001). https://papers.ssrn.com/sol3/papers.cfm?abstract_id=278652

37) 佃秀昭「CEO 後継者計画と指名委員会」商事法務 2270 号 51 頁。

38) CGS ガイドライン 33 頁。

39) 対話ガイドライン 3-3 でも示されているように、補充原則 4-1③における「育成」には、必要に応じて社外の人材を選定することも含まれると考えられる（2018 年パブコメ回答 No. 72）。

価基準の策定、③後継者候補の選出、④育成計画の策定・実施、⑤後継者候補の評価、絞込み・入替え、⑥最終候補者に対する評価と後継者の指名、⑦指名後のサポート、という 7 つのステップに分けて後継者計画の策定・運用のモデルケースを示しており、実務上参考となる[40]。

　また、海外企業では、平時の後継者計画に加えて、CEO が突然職務を行えなくなった等の有事に備えて、社内外の候補者をリストアップし、CEO 交代に必要な手続や適時開示等の対応を明確化するなど、いわゆる有事の後継者計画をあわせて策定している企業が増加している[41]。CEO が不祥事等により突然交代を余儀なくされる等の場合に、指名委員会が主導する形で後継者の選任を行うためには、有事における後継者の選定プロセス等をあらかじめ策定しておくことが望ましい。そうした取組みを進める上で、海外企業の実務を参考にすることが考えられる。

原則 4-2

> **【原則 4-2. 取締役会の役割・責務(2)】**
>
> 　取締役会は、経営陣幹部による適切なリスクテイクを支える環境整備を行うことを主要な役割・責務の一つと捉え、経営陣からの健全な企業家精神に基づく提案を歓迎しつつ、説明責任の確保に向けて、そうした提案について独立した客観的な立場において多角的かつ十分な検討を行うとともに、承認した提案が実行される際には、経営陣幹部の迅速・果断な意思決定を支援すべきである。
>
> 　また、経営陣の報酬については、中長期的な会社の業績や潜在的リスクを反映させ、健全な企業家精神の発揮に資するようなインセンティブ付けを行うべきである。

---

40)　CGS ガイドライン 36 頁、113 頁以下。また、CGS ガイドラインに記載の 7 つのステップを参照しつつ、後継者計画の実際の運用を示すものとして、佃秀昭「社長・CEO 後継者計画の実務(1)〜(3)」商事法務 2214 号 4 頁、2215 号 56 頁、2217 号 39 頁。

41)　CGS ガイドラインも、いわゆる有事対応プランの重要性を指摘している（113 頁）。

本原則は、取締役会に対して、以下の対応を求めている。

　㋐　経営陣幹部による適切なリスクテイクを支える環境整備を行うこと
　　を主要な役割・責務の一つと捉え、経営陣からの健全な企業家精神に
　　基づく提案を歓迎しつつ、説明責任の確保に向けて、そうした提案に
　　ついて独立した客観的な立場において多角的かつ十分な検討を行うこ
　　と

　㋑　承認した提案が実行される際には、経営陣幹部の迅速・果断な意思
　　決定を支援すること

　㋒　経営陣の報酬について、中長期的な会社の業績や潜在的リスクを反
　　映させ、健全な企業家精神の発揮に資するようなインセンティブ付け
　　を行うこと

　コード策定時の立案担当者は、本原則の第一文について、基本原則4で
掲げられている取締役会の主要な役割・責務のうち「⑵経営陣幹部による
適切なリスクテイクを支える環境整備を行うこと」の内容を敷衍するもの
であって、コードが経営陣の適切なリスクテイクを後押ししようとしてい
ることの表れともいえると述べている[42]。本原則の要請のうち㋐と㋑は、
こうした観点から、取締役会での審議や経営陣の監督のあり方に関する基
本的な方向性を示すものである。

　次に、本原則の要請のうち㋒について、コード策定時の立案担当者は、
我が国の経営陣の報酬に対して、固定報酬の割合が高く、会社の中長期的
な業績向上に向けた適切なインセンティブとして機能していないのではな
いか等の指摘がなされてきたことも踏まえ、経営陣の適切なリスクテイク
を後押しする観点から定められたものであるとしている[43]。

　2015年にコードが策定された時点では、その前年の伊藤レポートにお
いて、日米英の売上高等1兆円以上の企業ではCEOの報酬のうち業績連
動賞与が23%、長期インセンティブが12%であるとのデータが示された

---

42)　油布ほかⅢ・40頁。
43)　油布ほかⅢ・40頁。

上で、経営陣の報酬の業績連動部分が少ない等の指摘がなされていた[44]。2020 年度における同様の調査によれば、業績連動賞与が 31％、長期インセンティブが 27％ と、それぞれ上昇が見られる[45]。他方で、2021 年に公表された調査では、調査に回答した東証一部・二部上場会社のうち、業績連動報酬を全く導入していないと回答した割合は、時価総額 1 兆円以上の企業では 1％ であるところ、時価総額 500 億円未満の企業では 33％ に上っており[46]、上場会社の規模によって取組みに差があることが窺われる。

　経営陣の報酬のあり方については、補充原則 4-2①でより具体的な定めが置かれており、同補充原則を実施すれば本原則の二文目の実施ともなる関係にあると考えられる。そのため、本原則の二文目への対応については、補充原則 4-2①を参照されたい。

補充原則 4-2①

> 4-2①　取締役会は、経営陣の報酬が持続的な成長に向けた健全なインセンティブとして機能するよう、客観性・透明性ある手続に従い、報酬制度を設計し、具体的な報酬額を決定すべきである。その際、中長期的な業績と連動する報酬の割合や、現金報酬と自社株報酬との割合を適切に設定すべきである。

対話ガイドライン 3-5

> 3-5.　経営陣の報酬制度を、持続的な成長と中長期的な企業価値の向上に向けた健全なインセンティブとして機能するよう設計し、適切に具体的な報酬額を決定するための客観性・透明性ある手続が確立されているか。こうした手続を実効的なものとするために、独立し

---

44)　伊藤レポート 52 頁以下参照。
45)　ウイリス・タワーズワトソン『日米欧 CEO および社外取締役報酬比較』2021 年調査結果参照。
46)　令和 2 年度産業経済研究委託事業（経済産業政策・第四次産業革命関係調査事業費）日本企業のコーポレートガバナンスに関する実態調査報告書 61 頁。

> た報酬委員会が必要な権限を備え、活用されているか。また、報酬
> 制度や具体的な報酬額の適切性が、分かりやすく説明されているか。

　本補充原則は、取締役会に対して、以下の対応を求めている。

㈠　経営陣の報酬が持続的な成長に向けた健全なインセンティブとして
　　機能するよう、客観性・透明性ある手続に従い、報酬制度を設計し、
　　具体的な報酬額を決定すること

㈡　中長期的な業績と連動する報酬の割合や、現金報酬と自社株報酬と
　　の割合を適切に設定すること

　本補充原則は、原則 4-2 の二文目を踏まえてその内容を敷衍するもので
ある。

　まず、上述の㈠のうち「客観性・透明性ある手続に従い、報酬制度を設
計し、具体的な報酬額を決定すること」という部分は、2018 年のコード
改訂において追加された。同改訂の立案担当者は、具体的な報酬額の決定
を取締役会から代表取締役等に再一任するといった実務を否定するもので
はないと述べた上で、再一任を行いつつ本補充原則をコンプライするには、
「取締役会の責任の下で、手続上の十分な客観性・透明性を確保すること
が重要である」と述べている[47]。この「手続上の十分な客観性・透明性を
確保」する手法としては、例えば、具体的な報酬額の決定を取締役会から
代表取締役等に再一任するにあたり、報酬額の配分に関する方針をあらか
じめ策定し、この方針に沿って報酬額を決定すべきとすると共に、決定さ
れた報酬額がこの方針に沿っているかを取締役会が確認することが考えら
れよう。

　取締役の報酬の配分に関しては、2019 年改正会社法により、取締役会
は取締役の個人別報酬等の決定方針を決議すべきとされた（会社法 361 条
7 項）。また、取締役の個人別の報酬等の内容がこの決定方針に沿ってい
ると取締役会が判断した理由を記載すべきとされた（会社法施行規則 121

---

47)　田原ほか・9 頁。2018 年パブコメ回答 No. 84 も参照。

条 6 号ハ）。こうした会社法上の要請に応えることは、本補充原則の要請の(ア)をコンプライすることにもつながる。

　さらに、2019 年改正会社法の下では、取締役の個人別報酬等の内容の全部または一部の決定を取締役その他の第三者に委任した会社は、事業報告において、委任を受けた者の氏名等や委任した権限の内容、権限を委任した理由、委任した権限が適切に行使されるようにするための措置を講じた場合にはその内容を記載すべきと定められた（会社法施行規則 121 条 6 号の 3）。また、金融商品取引法でも、開示府令が改正され、有価証券報告書において同様の内容を開示すべきとされている（開示府令第 2 号様式記載上の注意(57) c ほか）。

　この他にも、経営陣の報酬については、補充原則 4-10①において、独立した報酬委員会を設置し、委員会の適切な関与・助言を得るべきとされている。また、経営陣の報酬については、原則 3-1 (ⅲ)において、「取締役会が経営陣幹部・取締役の報酬を決定するに当たっての方針と手続」の開示が求められている（原則 3-1 (ⅲ)の項参照）。さらに 2018 年に策定された対話ガイドライン 3-5 では、「報酬制度や具体的な報酬額の適切性が、分かりやすく説明されているか」という内容が投資家と企業との間で重点的に対話すべき事項とされており[48]、投資家から報酬制度や具体的な報酬額について質問を受けた場合にその合理性等を含めてきちんと説明できるかが問われる状況になっている。本補充原則への対応を検討する上では、これらの規律をも適切に踏まえる必要がある。

　次に、本補充原則の要請のうち(イ)について、コード策定時の立案担当者は、各上場会社において、その置かれた状況を踏まえ、様々な要素を考慮した合理的な検討が行われることが期待されているとし、そうした検討の結果、中長期的な業績と連動する報酬や自社株報酬を導入しないという対応をとることが必ずしも否定されるものではないとしている[49]。ただし、実務上は、仮に業績連動報酬や自社株報酬の割合を零とするのであれば、

48）　田原ほか・10 頁参照。
49）　油布ほかⅢ・40 頁。

投資家から質問された場合に、業績連動報酬や自社株報酬の割合を零とすることの合理性を説明できるよう、きちんとその理由や合理性について検討をしておくことが重要となるであろう。

　業績連動報酬や株式報酬を導入するか否かを含む報酬政策のあり方を検討する際には、経営戦略を踏まえて具体的な目標となる経営指標（KPI）を設定し、それを実現するためにどのような報酬体系がよいのか、という順番で検討していくことが重要であると指摘されている[50]。これは、経営戦略の達成へ向けた適切なインセンティブを経営陣へ付与することを報酬政策の役割として位置づける考え方に基づくものと考えられる。この際には、資本利益率（ROE）や投下資本利益率（ROIC）等の資本効率指標を用いるのか、株式総利回り（TSR）のような株主還元を含めた指標を用いるのかといった点や、目標値の達成度合に応じて報酬額をどのように連動させるのか等についての検討が実務上重要となる。また、例えばサステナビリティを重視した経営を行う会社において、ESGに関する指標をも業績連動報酬に組み込むなど、非財務指標を業績連動報酬に組み込むことも選択肢となる。さらに、本補充原則にいう「健全なインセンティブ」の内容として、短期的な収益のために不正行為等をも辞さないといった行動を抑止する観点から、重大な財務報告違反や不正等が判明した場合に報酬の減額や返還を求めることができるよう、いわゆるクローバック条項定めておくことも選択肢となり得る。

　以上の各点を含め、役員報酬の設計は極めて専門的な内容を含み、かつ各社の置かれた状況や経営戦略に応じた内容とすることが望ましいため、専門家の起用も有力な選択肢となると考えられる。

　本補充原則は、「経営陣」の報酬制度を対象としている。独立社外取締役のように、経営陣に含まれない取締役の報酬制度は、その対象に含まれていない。コード策定時の立案担当者は、この理由について、経営陣以外の役員である社外取締役や監査役等に対してインセンティブ型の報酬の支

50）　CGSガイドライン44頁、「「攻めの経営」を促す役員報酬～企業の持続的成長のためのインセンティブプラン導入の手引～」（2020年9月時点版）19頁。

払いを行うことが適切か否かについては、世界的にも両論がみられる状況にあることも踏まえ、特定の方向性を記載していないとの旨を述べている[51]。

　独立社外取締役への業績連動報酬の付与については、ICGN のグローバルガバナンス原則が「業績連動報酬は、非業務執行取締役および非業務執行取締役である議長には付与されるべきではない」と明示的に述べているなど（6.9 項）、投資家からは反対の声が大勢である。その背景には、監督機能の適切な発揮を妨げるといった考え方があるものと思われる。これに対して、株式報酬については、国ごとに実務の趨勢が異なっている。ある調査によれば、米国では社外取締役に対して一般的に株式報酬が導入されているところ、英国・ドイツ・フランスでは株式報酬を独立社外取締役に付与する実務は必ずしも一般的ではない[52]。業績連動型でない株式報酬の付与については、株主と社外取締役との利益をより一致させる効果を持つとして、投資家からも肯定的な意見を聞くことが多い。日本企業における今後の実務の動向が注目される。

補充原則 4-2②

> 4-2②　取締役会は、中長期的な企業価値の向上の観点から、自社のサステナビリティを巡る取組みについて基本的な方針を策定すべきである。
>
> 　また、人的資本・知的財産への投資等の重要性に鑑み、これらをはじめとする経営資源の配分や、事業ポートフォリオに関する戦略の実行が、企業の持続的な成長に資するよう、実効的に監督を行うべきである。

　本補充原則は、取締役会に対して、以下の対応を求めている。

---

51)　油布ほかⅢ・40 頁。
52)　ウイリス・タワーズワトソン「日米欧 CEO および社外取締役報酬比較」2021 年調査結果参照。

(ア)　自社のサステナビリティを巡る取組みについての基本的な方針の策
　　　定
(イ)　人的資本・知的財産への投資等をはじめとする経営資源の配分や、
　　　事業ポートフォリオに関する戦略の実行への実効的な監督

　以上のうち(ア)は、補充原則 2-3①及び 3-1③とあわせて、2021 年のコー
ド改訂の 3 本柱の一つであるサステナビリティを巡る課題への対処を上場
会社に促すものである。

　本補充原則は、2021 年のコード改訂で新設された。この際には、対話
ガイドライン 1-3 も新たに追加され、取締役会の下または経営陣の側に、
サステナビリティに関する委員会を設置するなど、サステナビリティに関
する取組みを全社的に検討・推進するための枠組みを整備しているかが、
企業と投資家との間で対話することが期待される項目とされている。その
趣旨について、2021 年のコード改訂時の立案担当者は、取締役会でサス
テナビリティを議論することのみならず、サステナビリティに関する委員
会を設けるなど、社内の体制面を整えることでサステナビリティに関する
取組みを一層進めることも重要であるとの指摘を踏まえたものだと述べて
いる[53]。

　次に、本補充原則の要請のうち(イ)は、人的資本への投資等の重要性の高
まりや、国際競争力の強化という観点から知的財産への投資の重要性を指
摘する意見などを踏まえて、取締役会による実効的な監督を求めるもので
ある[54]。

　人的資本への投資等については、補充原則 3-1③において上述したよう
に、国際的にも開示の規律を充実・強化する動きが広がっている。経済産
業省の「人的資本経営の実現に向けた検討会」においても、人的資本経営
の実現に向けた主要課題について、経営戦略の実現に資する人事戦略の策
定の重要性等が指摘されている。こうした動向をも踏まえつつ、取締役会

---

53)　島崎ほか・12 頁。
54)　島崎ほか・12 頁。

が実効的に監督を行うことが期待される。

　2021 年のコード改訂では、事業ポートフォリオに関連して、本補充原則のほか、補充原則 5-2①が新設されている。同補充原則は、経営戦略等の策定・公表に当たって、取締役会で決定された事業ポートフォリオに関する基本的な方針と事業ポートフォリオの見直しの状況を分かりやすく示すよう求めている。

原則 4-3

> **【原則 4-3．取締役会の役割・責務(3)】**
>
> 　取締役会は、独立した客観的な立場から、経営陣・取締役に対する実効性の高い監督を行うことを主要な役割・責務の一つと捉え、適切に会社の業績等の評価を行い、その評価を経営陣幹部の人事に適切に反映すべきである。
>
> 　また、取締役会は、適時かつ正確な情報開示が行われるよう監督を行うとともに、内部統制やリスク管理体制を適切に整備すべきである。更に、取締役会は、経営陣・支配株主等の関連当事者と会社との間に生じ得る利益相反を適切に管理すべきである。

本原則は、取締役会に対して、以下の対応を求めている。

(ア)　適切に会社の業績等の評価を行い、その評価を経営陣幹部の人事に適切に反映すること

(イ)　適時かつ正確な情報開示が行われるような監督

(ウ)　内部統制やリスク管理体制の適切な整備

(エ)　経営陣・支配株主等の関連当事者と会社との間に生じ得る利益相反の適切な管理

　コード策定時の立案担当者は、本原則について、基本原則 4(3) の「独立した客観的な立場から、経営陣（執行役及びいわゆる執行役員を含む）・取締役に対する実効性の高い監督を行うこと」の内容を敷衍するものである

と述べている[55]。

　本原則の要請のうち(ア)については、補充原則 4-3①に関連する内容が定められている。また、2018 年のコード改訂に際して、CEO の選解任に関する客観性・適時性・透明性の確保等の観点から、補充原則 4-3②と 4-3③が新たに追加されている。そのため、これらの補充原則へ対応することが、(ア)への対応にもなると考えられる。

　本原則の要請のうち(イ)と(ウ)については、補充原則 4-3④に関連する内容が定められているほか、上場規則・会社法・金融商品取引法においても一定の規律がなされている。まず(イ)については、東京証券取引所から、コーポレートガバナンス報告書の別添として、「適時開示体制の概要及び適時開示体制の整備のポイント」が公表されており、適時開示業務を執行する体制の整備にあたり検討すべき事項、適時開示業務を執行する体制、及び適時開示体制を対象としたモニタリングの整備の各項目について、検討項目と整備のポイントが示されている。また、(ウ)については、会社法で内部統制システムについて取締役会で決議することが求められているほか[56]、財務報告に関する内部統制については金融商品取引法上の内部統制報告制度が設けられている[57]。こうしたハードロー上の義務を適切に果たすことは、これらの本原則の要請へ適切に対応する上での必要条件である。

　本原則の要請のうち(エ)については、コード策定時の立案担当者は、取締役会が行うべき具体的な行動の一例として原則 1-7（関連当事者間の取引）が置かれている旨を述べている[58]。

　支配株主との取引については、2021 年のコード改訂により補充原則 4-8③が新設された。同補充原則では、支配株主からの独立性を有する独立社外取締役の選任か、または独立社外取締役を含む独立性を有する者で構成された特別委員会の設置が新たに求められている。本原則の要請のうち(エ)への対応を行う上では、これらの原則・補充原則への対応もあわせて必要

---

55)　油布ほかⅢ・41 頁。
56)　会社法 362 条 4 項 6 号・5 項。
57)　金融商品取引法 24 条の 4 の 4。
58)　油布ほかⅢ・41 頁。

148

となり得る。

補充原則 4-3①

> 4-3①　取締役会は、経営陣幹部の選任や解任について、会社の業績
> 等の評価を踏まえ、公正かつ透明性の高い手続に従い、適切に実行
> すべきである。

　本補充原則は、取締役会に対して、経営陣幹部の選任や解任について、会社の業績等の評価を踏まえ、公正かつ透明性の高い手続に従い、適切に実行することを求めている。

　本補充原則は、原則4-3で示されている「適切に会社の業績等の評価を行い、その評価を経営陣幹部の人事に適切に反映すること」という規律を敷衍するものである。なお、経営陣幹部のうちCEOの選解任については、補充原則4-3②と4-3③でより具体的な規定が置かれている。

　本補充原則が求める「公正かつ透明性の高い手続」の具体的な内容は示されていないため、プリンシプルベースの下で、各社が自らの置かれた状況等に照らして適切に判断する必要がある。その対応に当たっては、原則4-10①で示されているように、経営陣幹部の指名に関する検討に当たって、指名委員会の適切な関与・助言を得ることが選択肢として考えられる。本補充原則が選任や解任を「適切に実行」するよう求めていることに照らせば、指名委員会による関与・助言をもって「公正かつ透明性の高い手続」とする場合には、指名委員会の役割を、経営陣幹部の指名に関する方針等の策定への関与・助言に留めず、具体的な候補者の選定についての関与・助言をも含む形とする必要があると考えられる。

　本補充原則が求める「公正かつ透明性の高い手続」の内容は、原則3-1の(iv)項に基づいて開示の対象とされている。

補充原則 4-3②

> 4-3②　取締役会は、CEO の選解任は、会社における最も重要な戦
> 略的意思決定であることを踏まえ、客観性・適時性・透明性ある手
> 続に従い、十分な時間と資源をかけて、資質を備えた CEO を選任
> すべきである。

対話ガイドライン 3-1、3-2

> 3-1.　持続的な成長と中長期的な企業価値の向上に向けて、経営環境
> の変化に対応した果断な経営判断を行うことができる CEO を選任
> するため、CEO に求められる資質について、確立された考え方が
> あるか。
>
> 3-2.　客観性・適時性・透明性ある手続により、十分な時間と資源を
> かけて、資質を備えた CEO が選任されているか。こうした手続を
> 実効的なものとするために、独立した指名委員会が必要な権限を備
> え、活用されているか。

　本補充原則は、取締役会に対して、客観性・適時性・透明性ある手続に
従い、十分な時間と資源をかけて、資質を備えた CEO[59] を選任するよう
求めている。

　本補充原則は、2018 年のコード改訂において、CEO の選解任に関する
客観性・適時性・透明性の確保等の観点から、補充原則 4-3③と共に新設
されたものである。また、この際、CEO の選解任手続について投資家と
企業との間で対話が十分に行われることに資するようにとの観点から[60]、
対話ガイドライン 3-1 及び 3-2 が定められた。

---

59)　「CEO」の定義については補充原則 4-1③の項を参照。
60)　田原ほか・9 頁。

　本補充原則が定められた背景としては、フォローアップ会議意見書(2)において、CEO の選解任のあり方に関する指摘がされた点が挙げられる[61]。同意見書では、競争の高まりと、不連続かつ急激な環境変化の下では、CEO の能力が会社の命運を左右すると指摘され、CEO の選解任は会社の持続的な成長と中長期的な企業価値の向上を実現していく上で上場会社にとって最も重要な戦略的意思決定であり、そのプロセスには客観性・適時性・透明性が求められると指摘されている。

　これらの要請のうち特に「客観性」と「透明性」を確保する上では、選解任の対象者である CEO 本人による決定では必ずしも十分ではなく、社外取締役が主要な構成員である指名委員会等によって審議することが期待されていると考えられる。また、「十分な時間と資源をかけて」という要請は、CEO の後継者計画の策定と運用を行うことを期待するものと考えられる。その際には、CEO に求められる資質や能力・経験を明確化した上で、社内の候補者を特定し、各候補者において不足している知見・経験等を得られるような人材配置を行うこと等が重要となる（補充原則 4-1③の項も参照）。

　本補充原則が求める「客観性・適時性・透明性ある手続」の内容は、原則 3-1(iv)に基づいて開示の対象となる。

補充原則 4-3③

> 4-3③　取締役会は、会社の業績等の適切な評価を踏まえ、CEO がその機能を十分発揮していないと認められる場合に、CEO を解任するための客観性・適時性・透明性ある手続を確立すべきである。

対話ガイドライン 3-4

> 3-4. 会社の業績等の適切な評価を踏まえ、CEO がその機能を十分

---

61)　2018 年パブコメ回答 No. 54 参照。

> 発揮していないと認められる場合に、CEO を解任するための客観
> 性・適時性・透明性ある手続が確立されているか。

　本補充原則は、取締役会に対して、CEO がその機能を十分発揮してい
ないと認められる場合に、CEO を解任するための客観性・適時性・透明
性ある手続を確立するよう求めている。

　本補充原則と対話ガイドライン 3-4 の策定の経緯については、補充原則
4-3②の項を参照されたい。

　本補充原則は、補充原則 4-3②と同様に、「客観性・適時性・透明性」
を備えた手続の確立を求めている。このうち「適時性」の趣旨について、
2018 年のコード改訂時のパブリックコメント手続では、CEO の解任は、
上場会社の業績等の評価や経営環境の変化等を踏まえ、硬直的な運用によ
ることなく、機動的に行うことが求められ、そうした対応を可能とすると
の趣旨が「適時性」には含まれるとの見解が示されている[62]。

　これらのうち特に「客観性」と「透明性」を確保する上では、選解任の
対象者である CEO 本人による決定では必ずしも十分ではなく、社外取締
役が主要な構成員である指名委員会等によって審議することが期待されて
いると考えられる。また、「適時性」の要件を満たす観点からは、あらか
じめ CEO の解任基準を定めておくことも選択肢として考えられる。その
際には、CEO の選任基準である資質・能力に欠けることが明らかとなっ
た場合や、経営責任を問う必要が生じた場合などが候補として考えられよ
う。

　また、実務上は、解任の理由との関係で「適時性」の判断にも幅が生じ
得る。例えば、法令違反を行ったことが明らかである等の場合には、即座
の解任が有力な選択肢となり得る。これに対して、外部環境の変化を主要
因として業績不振が一定期間継続しているが、CEO として成長へ向けた
取組みを主導していると認められるような場合には、即座の解任よりも、
取締役の改選のタイミングで交代とするかを検討するほうが、より適切で

---

62)　2018 年パブコメ回答 No.58。

あることもあり得よう。

　関連して、CGS ガイドラインは、どのような場合に解職の議論をすべきかについて、何も基準がない中で発案して議論することは困難であるため、平時の際から解職基準を定めておくほうが有事の際に対応しやすいと指摘している。その際、基準に抵触したら必ず解職というのではなく、社長・CEO の責任に帰すべき問題なのか否かや、改善の方向性等について議論を始める基準として活用することが考えられる等の考え方が、あわせて示されている[63]。

　本補充原則が求める「客観性・適時性・透明性ある手続」の内容は、原則 3-1 (iv)に基づいて開示の対象となる。

補充原則 4-3④

> 4-3④　内部統制や先を見越した全社的リスク管理体制の整備は、適切なコンプライアンスの確保とリスクテイクの裏付けとなり得るものであり、取締役会はグループ全体を含めたこれらの体制を適切に構築し、内部監査部門を活用しつつ、その運用状況を監督すべきである。

　本補充原則は、取締役会に対して、以下の対応を求めている。
- (ア)　内部統制や先を見越した全社的リスク管理体制のグループ全体を含めた適切な構築
- (イ)　内部監査部門の活用
- (ウ)　(ア)のリスク管理体制の運用状況の監督

　本補充原則は、2015 年のコード策定時には、コンプライアンスや財務報告に関する内部統制やリスク管理体制の適切な構築や、その運用が有効に行われているかの監督に重点を置くべきであり、個別の業務執行に係る

---

63)　CGS ガイドライン別紙 3「2.1 社長・CEO」。

コンプライアンスの審査に終始すべきではないとの規律を示していた。

　2018年のコード改訂では、本補充原則の内容は変更されなかったが、補充原則4-3②及び4-3③が新設されたことに伴い、本補充原則が4-3②から4-3④へ繰り下げられた。

　その後、2019年に公表されたフォローアップ会議意見書(4)では、内部監査の問題をはじめ、監査の信頼性確保に向けた取組みについて検討を進めることとされた。そこで、2020年10月に再開後のフォローアップ会議では、監査に対する信頼性の確保と、実効的な内部統制及びリスク管理のあり方について議論が行われた。その中では、企業を取り巻く環境変化が加速する中で、企業活動のグローバル化に伴うグループマネジメントや、デジタル化などに伴う新たなリスクに対する多様な視点からのマネジメントの重要性が指摘された。こうした指摘を踏まえて、2021年のコード改訂では、本補充原則が改訂され、全社的リスク管理体制の構築・監督や内部監査部門の活用を求める内容を含む形に変更された。また、補充原則4-13③があわせて改訂され、内部監査部門と取締役会・監査役会との連携の一環として、内部監査部門がこれらに対して直接報告を行う仕組みを構築するよう求める内容へと変更された。

　本補充原則にいう全社的リスク管理体制とは、1990年代末以降に国際的に発展したリスク管理アプローチであって、部門単位ではなく組織全体でリスクの洗い出し・評価・対応・モニタリングを行う点に主眼がある。2004年にCOSOが公表した「全社的リスクマネジメント——統合的フレームワーク」では、戦略と目標設定の中に、リスク選好、リスク許容度が位置付けられている。米国のトレッドウェイ委員会組織委員会（COSO）のレポートでは、この全社的リスク管理体制はガバナンスの一部として位置付けられており、内部統制は全社的リスク管理体制の一部として位置付けられている。言い換えれば、全社的リスク管理体制とは、ガバナンスと内部統制の間に位置する概念であると言うことができよう[64]。

　全社的リスク管理体制においては、会社が戦略的な目標の達成と価値創

---

64)　フォローアップ会議第25回会合資料1・16頁参照。

造のために取りにいく重要なリスクの性質及び程度を取締役会が決定する
ことが重要であると考えられる。リターンの追求はどうしても一定程度の
リスクを伴うのであり、単にリスクを最小化しようとするのみでは、事業
の収益性や将来へ向けた投資を低下させてしまいかねない。特に、火災や
製造物責任のように、発生した場合には損害のみをもたらすリスクだけで
はなく、信用リスクや為替リスク、価格変動リスクなど、リターンと裏腹
の関係にあるリスクでは、リスクの最小化が最適解であるとは限らない。
そのため、ある戦略上の目標を達成するためにどの程度までリスクを許容
するかを決定し、リスクがその範囲に収まっているかを全社的に評価・モ
ニタリングしていくことが重要である。また、外部環境の不連続な変化が
相次ぐ昨今においては、過去に顕在化したリスクの管理だけではなく、将
来の変化に応じて生じ得るであろうリスクを想定することも重要となる。

　全社的リスク管理体制の整備は、複数の事業部門を有する上場会社にお
いて特に重要となる。複数の事業部門を有する場合には、単一の事業を営
んでいる場合と比較して、各事業の戦略的目標とその達成のために許容し
ているリスクの内容が全社的な観点から最適か否かを横串で比較する視点
が弱くなりがちであるためである。

　リスク管理体制との関連では、有価証券報告書の「重要なリスク」の開
示内容が、日本企業は紋切り型であるといった批判が機関投資家からはよ
く聞かれる。取締役会が実効的に全社的なリスク管理を進めると共に、そ
の評価結果を「重要なリスク」の開示内容に反映することが望まれる。

　内部監査部門の活用については、補充原則 4-13③の項を参照されたい。

原則 4-4

【原則 4-4. 監査役及び監査役会の役割・責務】
　監査役及び監査役会は、取締役の職務の執行の監査、監査役・外部
会計監査人の選解任や監査報酬に係る権限の行使などの役割・責務を
果たすに当たって、株主に対する受託者責任を踏まえ、独立した客観
的な立場において適切な判断を行うべきである。

　また、監査役及び監査役会に期待される重要な役割・責務には、業務監査・会計監査をはじめとするいわば「守りの機能」があるが、こうした機能を含め、その役割・責務を十分に果たすためには、自らの守備範囲を過度に狭く捉えることは適切でなく、能動的・積極的に権限を行使し、取締役会においてあるいは経営陣に対して適切に意見を述べるべきである。

　本原則は、監査役会及び監査役会に対して、以下の対応を求めている。
(ｱ)　取締役の職務の執行の監査、監査役・外部会計監査人の選解任や監査報酬に係る権限の行使などの役割・責務を果たすに当たって、独立した客観的な立場において適切な判断を行うこと
(ｲ)　監査役及び監査役会に期待される重要な役割・責務を十分に果たすために、能動的・積極的に権限を行使し、取締役会においてあるいは経営陣に対して適切に意見を述べること

　本原則にいう「受託者責任」の意義については、コード原案の序文7項において、「株主から経営を付託された者としての責任」と説明されている。
　コード策定時の立案担当者は、本原則について、コード策定時有識者会議における議論において監査役・監査役会の役割・責務の重要性が繰り返し強調されたことを踏まえたものであり、監査役・監査役会に対し、実効的なコーポレートガバナンスの実現のためにその役割・責務を果たすことを強く期待するものであると述べている[65]。
　なお、コードの策定時には、監査役会設置会社以外の上場会社は、自らの機関設計に応じて所要の読み替えを行った上で適用を行うことが想定されるとの考え方が示された[66]。この考え方からは、監査役や監査役会についての記述は、監査委員・監査等委員や監査委員会・監査等委員会に読み

---

65)　油布ほかⅢ・42頁。
66)　コード原案序文14項。

替えることが想定されている。

　本原則は、2021 年に改訂され、「外部会計監査人の選解任や監査報酬に
係る権限の行使などの役割・責務」の前に「監査役」が追加されている。
その趣旨について、コード改訂時の立案担当者は、監査役の選任や報酬に
ついて監査役会に広範な権限[67] が付与されているにもかかわらず、実際
には監査役の候補者や個別報酬額を執行側が提案している例や、執行側か
ら提示された個別報酬額で監査役会が決定している例が大半を占めており、
監査役の独立性の実質的な担保が必要であるとの指摘を踏まえたものであ
る旨を述べている[68]。

　2021 年の改訂では、あわせて、対話ガイドライン 3-10 において、監査
役が適切な手続を経て選任されているか否かが、機関投資家と企業との対
話において重点的に議論することが期待される事項として追記されている。
コード改訂時の立案担当者は、この「監査役会の同意をはじめとする適切
な手続」について、会社法上の監査役選任議案に対する監査役会の同意権
の適切な行使等を想定しているが、例えば、任意の指名委員会において監
査役の候補について議論され、当該議論へ監査役が適切に関与している場
合等も、当該「適切な手続」となり得るものと考えられるとの見解を示し
ている[69]。

　2021 年の改訂では、このほかにも、対話ガイドライン 3-11 において、
監査役が監査上の主要な検討事項（KAM）について外部会計監査人との
協議などの実効的な対応を行っているかや、内部通報に係る体制・運用実
績について開示・説明する際に、それが分かりやすいものとなっているか
という点が追加された。

---

67)　監査役の選任と報酬について監査役会に付与されている権限としては、まず、
　　監査役の選任について、株主総会に監査役選任議案を提出する場合における監査役
　　会の同意権と、監査役の選任を株主総会議案とすることについての監査役会の提案
　　権が定められている（会社法 343 条）。次に、監査役の報酬については、監査役の
　　個別報酬額について定款の定め又は株主総会の決議がないときには、監査役の協議
　　によりその配分を定めるものとされている（会社法 387 条 2 項）。

68)　島崎ほか・15 頁。

補充原則 4-4①

> 4-4①　監査役会は、会社法により、その半数以上を社外監査役とすること及び常勤の監査役を置くことの双方が求められていることを踏まえ、その役割・責務を十分に果たすとの観点から、前者に由来する強固な独立性と、後者が保有する高度な情報収集力とを有機的に組み合わせて実効性を高めるべきである。また、監査役または監査役会は、社外取締役が、その独立性に影響を受けることなく情報収集力の強化を図ることができるよう、社外取締役との連携を確保すべきである。

　本補充原則の一文目は、監査役会に対して、監査役の役割・責務を十分に果たすとの観点から、独立性と情報収集力とを有機的に組み合わせて、監査役会の実効性を高めることを求めている。

　また、本補充原則の二文目は、監査役及び監査役会に対して、社外取締役が、その独立性に影響を受けることなく情報収集力の強化を図ることができるよう、社外取締役との連携を確保するよう求めている。

　コード策定時の立案担当者は、常勤監査役が保有する高度な情報収集能力等に鑑みれば、本補充原則において求められている監査役・監査役会と社外取締役との連携によって、社外取締役への情報共有が適確に行われることが期待できると考えられると述べている[70]。また、「独立性に影響を受けることなく」という記述について、社外取締役が常勤監査役と過度に緊密な連携等を行うことにより、その独立性に疑義が生じることのないよう留意する必要があるという趣旨であると述べた上で、その半数以上を社外監査役とすることが義務付けられている監査役会との連携であれば、通常、そうした懸念が生じるおそれは低いとの趣旨も含むとの見解を示している[71]。

---

69)　浜田宰・西原彰美「改訂コーポレートガバナンス・コードと投資家と企業の対話ガイドラインにおける監査関連の規律」月刊監査役 724 号（2021 年 8 月）95 頁。
70)　油布ほかⅢ・42 頁。

原則 4-5

> **【原則 4-5. 取締役・監査役等の受託者責任】**
> 　上場会社の取締役・監査役及び経営陣は、それぞれの株主に対する受託者責任を認識し、ステークホルダーとの適切な協働を確保しつつ、会社や株主共同の利益のために行動すべきである。

　本原則は、取締役・監査役及び経営陣に対して、それぞれの株主に対する受託者責任を認識し、ステークホルダーとの適切な協働を確保しつつ、会社や株主共同の利益のために行動するよう求めている。

　ここでいう「経営陣」の意義について、コード策定時の立案担当者は、いわゆる執行役員も含まれ得ると述べている。その上で、執行役員の肩書を付されていても、委譲されている権限の範囲がきわめて限定的である等の理由により、株主に対する受託者責任を負わない場合はあり得るとの見解を示している[72]。また、「受託者責任」の意義については、コード原案の序文7項において、「株主から経営を付託された者としての責任」と説明されている。

原則 4-6

> **【原則 4-6. 経営の監督と執行】**
> 　上場会社は、取締役会による独立かつ客観的な経営の監督の実効性を確保すべく、業務の執行には携わらない、業務の執行と一定の距離を置く取締役の活用について検討すべきである。

　本原則は、上場会社に対して、業務の執行には携わらない、業務の執行と一定の距離を置く取締役の活用について検討するよう求めている。

71）　油布ほかⅢ・43 頁。
72）　油布ほかⅣ・55 頁。

　コード策定時の立案担当者は、本原則について、上場会社の業務の執行
から一定の距離を置く非業務執行取締役の活用について検討することを求
めるものであり、いわば「経営の監督と執行の分離」の推進についての検
討を促すものと考えられると述べている。その理由としては、取締役が経
営陣の一員として会社の業務の執行を担っている場合には、自らが担当し
た業務の執行を独立した客観的な立場から評価することは必ずしも容易で
はないため、経営の監督における取締役会の独立性・客観性をより確保す
る観点から、非業務執行取締役の活用を図ることが期待されるとの見解を
示している[73]。

　本原則は、原則 4-7 以降で独立社外取締役関連の原則が置かれるのに先
立って、いわばその導入として、独立社外取締役を含む非業務執行取締役
の活用を促すものと考えられる。こうした本原則の位置付けに照らして、
独立社外取締役でない非業務執行取締役を選任することを、原則 4-8 に加
えて求めるものではないとの指摘がある[74]。

原則 4-7

> 【原則 4-7.　独立社外取締役の役割・責務】
> 　上場会社は、独立社外取締役には、特に以下の役割・責務を果たす
> ことが期待されることに留意しつつ、その有効な活用を図るべきであ
> る。
> 　（ⅰ）　経営の方針や経営改善について、自らの知見に基づき、会社の
> 　　　　持続的な成長を促し中長期的な企業価値の向上を図る、との観点
> 　　　　からの助言を行うこと
> 　（ⅱ）　経営陣幹部の選解任その他の取締役会の重要な意思決定を通じ、
> 　　　　経営の監督を行うこと
> 　（ⅲ）　会社と経営陣・支配株主等との間の利益相反を監督すること
> 　（ⅳ）　経営陣・支配株主から独立した立場で、少数株主をはじめとす

---

73)　油布ほかⅣ・46 頁。
74)　中村・塚本・中野 141 頁。

> るステークホルダーの意見を取締役会に適切に反映させること

本原則は、上場会社に対して、以下の対応を求めている。

㋐　原則中の(ⅰ)～(ⅳ)に掲げる役割・責務を果たすことが、独立社外取締役に期待されることに留意すること

㋑　独立社外取締役の有効な活用を図ること

　本原則でいう「独立社外取締役」の意義について、コード策定時のパブリックコメント手続では、取引所の独立性基準によって独立性が否定される者はこれに該当しないものの、この基準を満たす者であれば、取引所へ独立役員として届けていなくても本原則にいう「独立社外取締役」に該当するとの考え方が示されている[75]。

　コード策定時の立案担当者は、原則 4-6 で示されている「経営の監督と執行の分離」を推進し、経営の監督における取締役会の独立性及び客観性を真に確保するためには、一般に、経営陣から独立した社外取締役の活用を図ることが強く期待されると述べている。その上で、本原則にいうこの(ⅰ)～(ⅳ)の役割・責務について、原則 4-8 の第一文や原則 4-9 の第二文とともに、独立社外取締役の候補者を具体的に選定する際にも参照されるべき記載であると述べている[76]。

　2019 年改正会社法は、本原則に関連する内容として、株主総会参考書類において、社外取締役候補者に果たすことが期待される役割を記載するよう求めている（会社法施行規則 74 条 4 項 3 号）。また、事業報告において、社外取締役がこの期待される役割に関して行った職務の概要を記載するよう求めている（同 124 条 4 号ホ）。

　また、CGS ガイドラインでは、社外取締役に期待すべき役割は、企業の経営を行わせることではないと指摘されている。その理由としては、経営を行うのは従前どおり社長・CEO を中心とする社内の経営陣であり、

---

[75]　2015 年パブコメ回答（和文）No.10。油布ほかⅣ・55 頁も参照。

[76]　油布ほかⅣ・47 頁。

社外者は、特に社外者としての属性に基づいて社内者では適正に判断・評価しにくい事項について関与する際に真価を発揮する、との見解が示されている[77]。

原則4-8

【原則4-8.　独立社外取締役の有効な活用】

　独立社外取締役は会社の持続的な成長と中長期的な企業価値の向上に寄与するように役割・責務を果たすべきであり、プライム市場上場会社はそのような資質を十分に備えた独立社外取締役を少なくとも3分の1（その他の市場の上場会社においては2名）以上選任すべきである。

　また、上記にかかわらず、業種・規模・事業特性・機関設計・会社をとりまく環境等を総合的に勘案して、過半数の独立社外取締役を選任することが必要と考えるプライム市場上場会社（その他の市場の上場会社においては少なくとも3分の1以上の独立社外取締役を選任することが必要と考える上場会社）は、十分な人数の独立社外取締役を選任すべきである。

対話ガイドライン3-8、3-9

3-8.　取締役会全体として適切なスキル等が備えられるよう、必要な資質を有する独立社外取締役が、十分な人数選任されているか。必要に応じて独立社外取締役を取締役会議長に選任することなども含め、取締役会が経営に対する監督の実効性を確保しているか。

　また、独立社外取締役は、資本効率などの財務に関する知識や関係法令等の理解など、持続的な成長と中長期的な企業価値の向上に実効的に寄与していくために必要な知見を備えているか。

---

77)　CGS ガイドライン29頁。

> 　独立社外取締役の再任・退任等について、自社が抱える課題やその変化などを踏まえ、適切な対応がなされているか。
>
> 3-9.　独立社外取締役は、自らの役割・責務を認識し、経営陣に対し、経営課題に対応した適切な助言・監督を行っているか。

　本原則の一文目は、上場会社と独立社外取締役に対して、それぞれ以下の対応を求めている。

㈠　独立社外取締役	会社の持続的な成長と中長期的な企業価値の向上に寄与するように役割・責務を果たすこと
㈡　プライム市場上場会社	3 分の 1 以上の独立社外取締役の選任
㈢　その他の市場の上場会社	2 名以上の独立社外取締役の選任

　本原則は、2015 年のコード策定時には、全上場会社に対して 2 名以上の独立社外取締役の選任を求める内容であった。その前年にあたる 2014 年の会社法改正では、有価証券報告書の提出義務を負う監査役会設置会社[78] に対して「社外取締役を置くことが相当でない理由」の説明義務が課され、社外取締役の選任が会社法によって促されていた[79]。こうした動きの中で、コード策定時有識者会議では、独立社外取締役の機能発揮のためには複数名の選任を促すべきとの指摘がなされた。こうした意見を踏まえて、独立社外取締役を複数名設置すればその存在が十分に活かされる可能性が大きく高まるとの観点から[80]、2 名以上の独立社外取締役の選任が求められるに至った。

　2018 年のコードの改訂へ向けた議論では、独立社外取締役を 3 分の 1

---

78)　公開会社・大会社である場合に限る（改正前会社法 327 条の 2）。
79)　指名委員会等設置会社及び監査等委員会設置会社では、委員会の過半数を社外取締役とする必要があり（会社法 331 条 6 項、400 条 3 項）、2 名以上の社外取締役の選任が必要である。
80)　コード原案、原則 4-8 背景説明を参照。

以上選任するよう求めるべきとの意見も出された。しかし、独立社外取締役の能力や取締役会の実行性がより重要であるとの指摘がなされたことなどを踏まえ、3分の1以上の独立社外取締役の選任を求めることは見送られ、独立社外取締役の機能発揮を促す観点から対話ガイドライン3-8、3-9が設けられた[81]。その後、2019年の会社法改正では、上述の監査役会設置会社に対して、社外取締役の選任が義務化された（改正会社法327条の2）。

　2021年のコードの改訂では、事業環境が不連続に変化する中においては、取締役会が経営者による迅速・果断なリスクテイクを支え重要な意思決定を行うとともに、実効性の高い監督を行うことが求められるとの考え方が示された。その上で、「我が国を代表する投資対象として優良な企業が集まる市場」であるプライム市場の上場会社に対して、独立社外取締役の3分の1以上の選任を求めることとされた[82]。

　2021年のコードの改訂では、このほか、取締役の選任に関連して、いわゆるスキル・マトリックスの公表と、他社での経営経験を有する者を社外取締役に含めることが求められた（補充原則4-11①）。これらは、独立社外取締役について、形式的な人数の数合わせに終始するのではなく、取締役会の実効的な機能発揮の観点から、各社において独立社外取締役の質の確保にも目を向けることを求める趣旨である。

　独立社外取締役を増員していくと、取締役会での議論に多様な視点が導入されやすくなる。また、取締役会による監督機能の発揮にあたり、独立性と客観性がより確保され得る。他方で、取締役会の議論を活性化する観点から、取締役の人数を合理的な範囲にとどめようとすれば、独立社外取締役の増員にあわせて社内取締役の減員が必要となり得る。しかし、業務執行を担っている社内取締役を減員すれば、取締役会全体として、事業に関する個別具体的な知識は相対的に手薄になる。そのため、独立社外取締役を増員する場合には、取締役会の付議事項を見直して、個別具体的な業

81）　田原ほか・12頁、2018年パブコメ回答No.159。
82）　2021年改訂提言2頁。

務執行の決定を、取締役会から経営陣へ幅広に委任していくことが重要となる。このように委任の範囲を広げることは、経営判断の迅速性をより確保することにもつながり得るであろう（補充原則 4-1①の項参照）。

　次に、本原則の二文目は、業種・規模・事業特性・機関設計・会社をとりまく環境等を総合的に勘案して、過半数の独立社外取締役を選任することが必要と考えるプライム市場上場会社（その他の市場の上場会社においては少なくとも 3 分の 1 以上の独立社外取締役を選任することが必要と考える上場会社）は、十分な人数の独立社外取締役を選任すべきとしている。

　この要請は、2015 年のコード策定時には、3 分の 1 以上の独立社外取締役の選任が必要と考える上場会社に対して、そのための取組み方針を開示するよう求める内容であった。2018 年のコードの改訂では、この要請が、十分な数の独立社外取締役の選任を求める内容に変更された。そして、2021 年のコードの改訂では、過半数の独立社外取締役の選任が必要と考えるプライム市場上場会社に対して、十分な数の独立社外取締役の選任を求める内容が追加された。

　コードの策定時と 2018 年の改訂時の立案担当者は、この要請について、あくまで「自主的な判断により……必要と考える上場会社」のみを適用対象とするものであり、そうでない上場会社に対してまで「コンプライ・オア・エクスプレイン」を求めるものではないと述べている[83]。そのため、「自主的な判断により……必要」と考えないのであれば、原則 4-8 の第二文は適用されず、これに係るエクスプレインも不要であると考えられる。

　本原則にいう「独立社外取締役」の要件について、コード策定時のパブリックコメント手続では、金融商品取引所が定める独立性基準によりその独立性が否定される者は「独立社外取締役」には該当しないとの旨が述べられている。他方で、この点さえ確保されていれば、取引所に対して現実に独立役員として届出を行っている者であることは、必ずしも必要ない（そうした者でも「独立社外取締役」足りうる）との見解があわせて示されて

---

83)　油布ほかⅣ・48 頁、55 頁、田原ほか・12 頁、2018 年パブコメ回答 No.159。2021 年パブコメ回答 No.78 も参照。

いる[84]。

補充原則 4-8①

> **4-8①**　独立社外取締役は、取締役会における議論に積極的に貢献するとの観点から、例えば、独立社外者のみを構成員とする会合を定期的に開催するなど、独立した客観的な立場に基づく情報交換・認識共有を図るべきである。

　本補充原則は、独立社外取締役に対して、例えば、独立社外者のみを構成員とする会合を定期的に開催するなど、独立した客観的な立場に基づく情報交換・認識共有を図ることを求めている。

　本補充原則の趣旨について、コード策定時の立案担当者は、他の独立社外者との情報交換・認識共有を図ることにより、独立社外取締役間において率直かつ有益な意見の形成・共有（コンセンサス作り）がなされ、取締役会における議論に積極的に貢献できる可能性が高まることを期待するものであると述べている[85]。

　コード策定時のパブリックコメント手続では、「独立社外者のみを構成員とする会合」の定期的な開催は、意見交換の方法の例示である旨が述べられている。その上で、必要に応じ、独立社外者の自主的な判断により、社内者に会合への参加や説明を求めること等が妨げられるものではなく、むしろ、独立社外者が、必要に応じそのような方法によって情報収集に努めることは、本補充原則の趣旨にも適う旨が述べられている[86]。

　コード策定時の立案担当者も、独立社外取締役間の意見交換の方法や頻度等は各独立社外取締役の合理的な判断に委ねられていると述べている。その上で、実際に独立社外者のみを構成員とする会合を開催するに際して

---

84)　2015 年パブコメ回答（和文）No. 10。
85)　油布ほかⅣ・48 頁。
86)　油布ほかⅣ・48 頁。

は、英米ではエグゼクティブ・セッションと呼ばれる類似の会合が定期的
に開催され、非業務執行取締役による監督機能の実効性確保に役立てられ
ており、実務上参考となるとの見解を示している[87]。

　海外の例をみると、米国ではニューヨーク証券取引所が上場規則により
少なくとも年 1 回以上のエグゼクティブ・セッションの開催を求めてい
る[88]。また、英国のコーポレートガバナンス・コードは、取締役会議長が、
業務執行取締役を排した形で非業務執行取締役との会合を開催するよう求
めると共に、筆頭独立取締役が、取締役会議長の評価その他の目的のため
に、取締役会議長を排した形で少なくとも年 1 回非業務執行取締役による
会合を開催するよう求めている[89]。我が国の企業が本補充原則に対応する
上では、必要に応じて、こうした海外での実務を参考にすることが考えら
れる。

補充原則 4-8②

> 4-8②　独立社外取締役は、例えば、互選により「筆頭独立社外取締
> 役」を決定することなどにより、経営陣との連絡・調整や監査役ま
> たは監査役会との連携に係る体制整備を図るべきである。

対話ガイドライン 4-4-1

> 4-4-1.　株主との面談の対応者について、株主の希望と面談の主な
> 関心事項に対応できるよう、例えば、「筆頭独立社外取締役」の設
> 置など、適切に取組みを行っているか。

　本補充原則は、独立社外取締役に対して、例えば、互選により「筆頭独
立社外取締役」を決定することなどにより、経営陣との連絡・調整や監査

---

87)　油布ほかⅣ・48 頁、2015 年パブコメ回答（和文）No.9。
88)　NYSE Listed Company Manual, 303A. 03 Executive Sessions.
89)　UK CG Code Provision 12, 13.

役または監査役会との連携に係る体制整備を図ることを求めている。

　本補充原則で例示されている筆頭独立社外取締役について、コード策定時の立案担当者は、英米における lead independent director や senior independent director に対応する役職を指すものであると述べている。また、その役割について、経営陣との調整や監査役との連携といった業務を一次的に担当する者を決定しておき、しっかりとその任に当たってもらうことにあるのであって、独立社外取締役間の序列をつけることにあるわけではないと述べている[90]。

　2021 年のコード改訂では、筆頭独立社外取締役について、その最大の意義と機能は、業務執行取締役を排した形で社外取締役等だけの意見交換の場を設け、そこでの議論において中心的な役割を果たしていくことにあるとした上で、筆頭独立社外取締役が株主と経営者との建設的な対話においても経営陣と機関投資家とをつなぐ重要な機能を果たすべきとの指摘がなされた[91]。こうした指摘を踏まえて、対話ガイドライン 4-4-1 が新設され、株主の希望と面談の主な関心事項に対応するために筆頭独立社外取締役を設置しているかが、投資家と企業との対話のアジェンダとして追加された。

　2021 年改訂提言では、独立社外取締役を含む取締役が対話を通じて機関投資家の視点を把握・認識することは、資本提供者の目線から経営分析や意見を吸収し、持続的な成長に向けた健全な企業家精神を喚起する上で重要であるとの考え方があわせて示されている[92]。

　海外の例をみると、米国では、CEO が取締役会議長を兼任している場合に、筆頭独立取締役の有無とその理由、筆頭独立取締役が会社のリーダーシップにおいて果たす特定の役割を開示するよう SEC が求めている[93]。

　また、英国のコーポレートガバナンス・コードは、筆頭独立取締役が取

90）　油布ほかⅣ・48 頁。
91）　島崎ほか・9 頁。
92）　2021 年改訂提言 3 頁。
93）　17 C. F. R. § 229.407 (h).
94）　UK CG Code Provision 12,14.

168

締役会議長を排した形で非業務執行取締役による会合を少なくとも年 1 回開催するよう求めると共に、筆頭独立取締役の責務を開示すべきとしている[94]。

　2021 年のコード改訂により、プライム市場上場会社に対して独立社外取締役の 3 分の 1 以上の選任が求められたことを受けて、独立社外取締役を 3 名以上選任する上場会社は今後増加すると思われる。独立社外取締役の増員が進むにつれて、独立社外取締役の間の役割分担を促進する観点から、筆頭独立社外取締役を選任する意義がより大きくなり得る。その際には、独立社外取締役が取締役会議長や指名委員会・報酬委員会の委員長を務めているか等の観点をも踏まえることが重要となり得る。

補充原則 4-8③

> 4-8③　支配株主を有する上場会社は、取締役会において支配株主からの独立性を有する独立社外取締役を少なくとも 3 分の 1 以上（プライム市場上場会社においては過半数）選任するか、または支配株主と少数株主との利益が相反する重要な取引・行為について審議・検討を行う、独立社外取締役を含む独立性を有する者で構成された特別委員会を設置すべきである。

　本補充原則は、支配株主を有する上場会社に対して、以下のうちいずれかの対応を求めている。
　(ｱ)　取締役会において支配株主からの独立性を有する独立社外取締役の 3 分の 1 以上（プライム市場上場会社においては過半数）の選任
　(ｲ)　支配株主と少数株主との利益が相反する重要な取引・行為について審議・検討を行う、独立社外取締役を含む独立性を有する者で構成された特別委員会の設置

　本補充原則の策定の経緯としては、従前より、支配株主やそれに準ずる主要株主のいる上場会社（いわゆる上場子会社等）においては支配株主等

と一般株主との間に構造的な利益相反リスクがあること等が指摘されていた。こうした指摘を踏まえて、2019 年にはフォローアップ会議意見書(4)が公表され、一般株主保護等の観点からグループガバナンスのあり方に関する検討を進めるとの方向性が示された[95]。また経済産業省からもグループガイドラインが公表され、上場子会社に対して、独立社外取締役の比率を高めることや、重要な利益相反取引について独立社外取締役を中心とした委員会で審議・検討を行うことなどが提言された[96]。

　この方針を受けて、フォローアップ会議でグループガバナンスのあり方について議論が行われた。そこでは、少数株主保護の視点から、親子間の取引などの局面においてしっかりと監督を行う必要があり、そのためには、①取締役会における一層の独立性の確保や、②特別委員会における検討といった方策が考えられる、等の指摘がなされた。これらの指摘を踏まえて、2021 年のコード改訂では、基本原則 4 の「考え方」に「支配株主は、会社及び株主共同の利益を尊重し、少数株主を不公正に取り扱ってはならないのであって、支配株主を有する上場会社には、少数株主の利益を保護するためのガバナンス体制の整備が求められる」との記述が追加された。その上で、支配株主を有する上場会社におけるガバナンス体制の整備の具体的内容を示すものとして、本補充原則が新設された。

　本補充原則は、特別委員会による審議・検討の対象を、支配株主と少数株主との利益が相反する重要な取引・行為としている。この「取引・行為」の範囲や、「審議・検討」の内容等について、2021 年のコード改訂時のパブリックコメント手続では、各上場会社が取引や行為の類型や個別の事情等を踏まえて適切に判断することにより、実務の積み重ねが進むことが期待されるとの見解が示されているが、その詳細は示されてはいない[97]。この点については、フォローアップ会議において、グループ間の取引等を通例的なものと非通例的なものに分け、通例的なものについてはグループレベルでの内部統制体制によって監督し、非通例的なもののうち重要なも

---

95)　島崎ほか・13 頁。

96)　グループ・ガバナンス・システムに関する実務指針 131 頁。

97)　2021 年パブコメ回答 No. 407。

のを対象とするのが望ましいといった指摘がされている[98]。また、「取引」の他に「行為」が対象とされているのは、例えばグループ内で事業調整を行う場合や親会社が完全子会社化を行う場合なども、支配株主と上場会社の間に直接の対象に含まれることを明確化した趣旨であると考えられる[99]。

このほか、2021 年のコード改訂時のパブリックコメント手続では、特別委員会の権限に重要な取引・行為に関する交渉権限を含めることや、特別委員会の委員の氏名等を開示することも考えられるとの見解が示されている[100]。

特別委員会の構成員である「独立社外取締役を含む独立性を有する者」については、2021 年のコード改訂時のパブリックコメント手続では、全員が独立社外取締役であることを要するものではないが、全員が支配株主からの「独立性を有する者」であることを要するとの見解が示されている。また、特別委員会の設置・運営方法については、必ずしも常設とする必要はないとの旨があわせて述べられている[101]。

支配株主の範囲は、有価証券上場規程 2 条 42 号の 2 において定義されている。なお、2021 年改訂提言では、支配株主のみならず、それに準ずる支配力を持つ主要株主（支配的株主）を有する上場会社においても、本改訂案を基にした対応が取られることが望まれるとされている[102]。

支配株主が存在する場合には、支配株主が経営陣を実効的に監督する経済的動機を有するため、株主と経営陣との間のエージェンシー問題の低減が期待できると指摘されている。他方で、支配株主が上場子会社等との取引にあたり少数株主の利益を犠牲にして自らの利益を図るおそれがあり、株主間のエージェンシー問題への対処が必要となるとも指摘されている。支配株主である親会社と上場子会社の一般株主の間には構造的な利益相反リスクが存在する。経済産業省のグループガイドラインにおいては、こう

98）　フォローアップ会議第 26 回会合議事録（神作メンバー発言）。
99）　2021 年改訂提言 5 頁参照。
100）　2021 年パブコメ回答 No. 433、434。
101）　2021 年パブコメ回答 No. 428。
102）　2021 年改訂提言 5 頁。

したリスクが顕在化し得る場面として、①一般株主と親会社と子会社との間で直接取引を行う場合、②親会社と子会社との間で事業譲渡・事業調整を行う場合、③親会社（支配株主）が完全子会社化を行う場合の３類型が挙げられている[103]。

原則 4-9

> **【原則 4-9.　独立社外取締役の独立性判断基準及び資質】**
> 　取締役会は、金融商品取引所が定める独立性基準を踏まえ、独立社外取締役となる者の独立性をその実質面において担保することに主眼を置いた独立性判断基準を策定・開示すべきである。また、取締役会は、取締役会における率直・活発で建設的な検討への貢献が期待できる人物を独立社外取締役の候補者として選定するよう努めるべきである。

本原則は、取締役会に対して、以下の対応を求めている。
- (ア)　独立社外取締役となる者の独立性をその実質面において担保することに主眼を置いた独立性判断基準の策定・開示
- (イ)　取締役会における率直・活発で建設的な検討への貢献が期待できる人物を独立社外取締役の候補者として選定するような努力

　このうち(ア)については、各金融商品取引所が独立性基準を定めており、上場会社に対して独立役員が少なくともその基準を充足するよう求めている[104]。また、日本取締役協会は、「取締役会規則における独立取締役の選任基準〔モデル〕」を公表しており、自社独自の基準を策定する場合に参考となるであろう。
　独立性基準との関係では、いわゆるメインバンク出身者が「主要な取引

---

103)　グループガイドライン 120 頁。
104)　東京証券取引所について、「独立役員の確保に係る実務上の留意事項（2021 年6 月改訂版）」参照。

先出身者」に該当するかが実務上問題となりやすい。この点に関連して、2021 年のコード改訂時のパブリックコメント手続では、東京証券取引所が「主要な取引先」として「いわゆるメインバンクなどが考えられる」と例示している点について見直しを求める意見が寄せられた。この意見を踏まえて、メインバンクに該当する銀行であっても必ず「主要な取引先」に該当するわけではない旨を明確化する観点から、「独立役員の確保に係る実務上の留意事項」が 2021 年 6 月に改訂された。その中では、「いわゆるメインバンク」との記述が「多額の借入れ等の取引の相手である金融機関」へと改訂され、取引金額が上場会社の売上高に占める割合や、借入金額が上場会社の総資産に占める割合などの実態を踏まえて、「主要な取引先」に該当するか否かを上場会社が判断すべきとされた[105]。

　本原則の要請のうち㈠については、コード策定時の立案担当者は、独立社外取締役の資質に関し、会社経営についての知見をどの程度有しているかが重要な考慮要素の一つとなり得ることを示唆しているとの見解を述べている[106]。この見解は、2021 年のコード改訂において、補充原則 4-11①が改訂され、独立社外取締役に他社での経営経験を有する者を含めることとされたことと整合的であると考えられる。改訂後の同補充原則は、取締役会の全体としての知識・経験・能力のバランス、多様性及び規模に関する考え方や、取締役の有するスキル等の組み合わせの開示をもあわせて求めているから、独立社外取締役の候補者の選定に際しては、これらの要請をも踏まえる必要がある。

　なお、コード策定時のパブリックコメント手続では、コードに定める独立社外取締役は、金融商品取引所の定める独立性基準を満たす必要があるが、金融商品取引所に対して現実に独立役員として届け出を行っている者であることは必ずしも要しないとの見解が示されている[107]。

---

105)　「独立役員の確保に係る実務上の留意事項（2021 年 6 月改訂版）」3 頁。
106)　油布ほかⅣ・56 頁。
107)　2015 年パブコメ回答（和文）No.10。

原則 4-10

> 【原則 4-10.　任意の仕組みの活用】
>
> 　上場会社は、会社法が定める会社の機関設計のうち会社の特性に応じて最も適切な形態を採用するに当たり、必要に応じて任意の仕組みを活用することにより、統治機能の更なる充実を図るべきである。

　本原則は、上場会社に対して、必要に応じて任意の仕組みを活用することにより、統治機能の更なる充実を図るよう求めている。

　この「任意の仕組み」の例としては、補充原則 4-10①で示されている指名委員会・報酬委員会や、対話ガイドライン 1-3 で言及されているサステナビリティに関する委員会などが該当すると考えられる。

　次に、「必要に応じて」とされている趣旨について、コード策定時の立案担当者は、任意の諮問委員会のような仕組みを採用せずに統治機能の充実を図ることも排除しないとの見地から、「必要に応じて」とした旨を述べている[108]。

　補充原則 4-10①は、2018 年と 2021 年にそれぞれ改訂され、「独立した指名委員会・報酬委員会」の設置がコンプライ・オア・エクスプレインの対象とされている。ただし、指名委員会等設置会社や、監査役会設置会社または監査等委員会設置会社のうち独立社外取締役が過半数である会社は、「独立した指名委員会・報酬委員会」を設置しなくともエクスプレインは不要とされている。

補充原則 4-10①

> 4-10①　上場会社が監査役会設置会社または監査等委員会設置会社であって、独立社外取締役が取締役会の過半数に達していない場合には、経営陣幹部・取締役の指名（後継者計画を含む）・報酬などに

---

108)　油布ほかⅣ・56 頁。

係る取締役会の機能の独立性・客観性と説明責任を強化するため、取締役会の下に独立社外取締役を主要な構成員とする独立した指名委員会・報酬委員会を設置することにより、指名や報酬などの特に重要な事項に関する検討に当たり、ジェンダー等の多様性やスキルの観点を含め、これらの委員会の適切な関与・助言を得るべきである。

　特に、プライム市場上場会社は、各委員会の構成員の過半数を独立社外取締役とすることを基本とし、その委員会構成の独立性に関する考え方・権限・役割等を開示すべきである。

対話ガイドライン 3-2、3-5

3-2.　客観性・適時性・透明性ある手続により、十分な時間と資源をかけて、資質を備えた CEO が選任されているか。こうした手続を実効的なものとするために、独立した指名委員会が必要な権限を備え、活用されているか。

3-5.　経営陣の報酬制度を、持続的な成長と中長期的な企業価値の向上に向けた健全なインセンティブとして機能するよう設計し、適切に具体的な報酬額を決定するための客観性・透明性ある手続が確立されているか。こうした手続を実効的なものとするために、独立した報酬委員会が必要な権限を備え、活用されているか。また、報酬制度や具体的な報酬額の適切性が、分かりやすく説明されているか。

　本補充原則の一文目は、監査役会設置会社または監査等委員会設置会社のうち、独立社外取締役が取締役会の過半数に達していない上場会社に対して、以下の対応を求めている。

(ア)　取締役会の下に独立社外取締役を主要な構成員とする独立した指名委員会・報酬委員会を設置すること

(イ)　指名や報酬などの特に重要な事項に関する検討に当たり、ジェンダ

　　一等の多様性やスキルの観点を含め、これらの委員会の適切な関与・
　助言を得ること

　本補充原則は、2015 年の策定当初は、「例えば、取締役会の下に独立社
外取締役を主要な構成員とする任意の諮問委員会を設置することなどによ
り……独立社外取締役の適切な関与・助言を得るべき」とされていた。当
時の立案担当者は、この記述について、任意の諮問委員会の設置は例示で
ある旨を述べた上で、任意の諮問委員会を設置する場合にも、指名と報酬
の両者を併せて検討する委員会や、さらには、ガバナンスに関連する他の
重要事項を一体として議論するような仕組みもあり得るとの見解を示して
いた[109]。

　2018 年のコード改訂では、本補充原則が改訂され、「例えば……するこ
となどにより」の記述が削除され、「任意の指名委員会・報酬委員会など、
独立した諮問委員会」の設置がコンプライ・オア・エクスプレインの対象
とされた[110]。また、CEO の選任や経営陣の報酬決定に係る手続を実効的
なものとする観点から、対話ガイドライン 3-2 及び 3-5 が置かれ、「独立
した指名委員会が活用されているか」、「独立した報酬委員会が活用されて
いるか」が、対話の論点として示された[111]。

　2021 年のコード改訂では、本補充原則がさらに改訂され、「独立した指
名委員会・報酬委員会」の設置がコンプライ・オア・エクスプレインの対
象とされた。また、補充原則 2-4① の新設等の改訂内容との平仄の観点か
ら、関与・助言の対象にジェンダー等の多様性やスキルの観点が含まれる
旨が追記された。

　2021 年のコード改訂では、また、本補充原則の一文目に「（後継者計画
を含む）」との記述が追加されている。この趣旨について、2021 年のコー
ド改訂時のパブリックコメント手続では、「コンプライ」を行う上で、
CEO 等の後継者計画が適切に策定・運用されることは、資質を備えた

---

109)　油布ほかⅣ・49 頁。
110)　2018 年パブコメ回答 No.111、田原ほか・10 頁。
111)　田原ほか・11 頁。

CEO 等を選任するための手続について、客観性・適時性・透明性を確保することに資する等の指摘に鑑み、指名委員会の検討対象として、後継者計画も含まれ得ることを明示したものであるとしている。その上で、必ずしも指名委員会の検討対象に後継者計画を含む必要はないとしている[112]。

このほか、CGS ガイドラインは、社長・CEO の選解任及び後継者計画の監督に関して、独立した客観的な評価や透明性の確保の観点から、社外者中心に議論する場として指名委員会の利用を検討すべきとしている。また、社長・CEO の選解任と役員報酬の決定の双方において、社長・CEO の評価がまず行われる必要があり、両委員会には共通する部分も多いと指摘した上で、例えば一部の社外者委員を共通にする等、指名委員会と報酬委員会の間で緊密な連携を図ることが重要だと指摘している[113]。

　本補充原則の二文目は、プライム市場上場会社に対して、以下の対応を求めている。
　(ウ)　指名委員会・報酬委員会の構成員の過半数を独立社外取締役とすることを基本とすること
　(エ)　委員会構成の独立性に関する考え方・権限・役割等を開示すること

　本補充原則の二文目は、2021 年のコード改訂に際して追加されたものである。
　このうち、独立社外取締役を過半数とすることを「基本と」すべきとの規律は、指名委員会・報酬委員会の機能発揮のためには独立性の確保が重要な要素の一つであるにもかかわらず、現状では十分でないとの指摘を踏まえたものである[114]。この点に関連して、2021 年のコード改訂時のパブリックコメント手続では、必ずしも独立社外取締役を過半数とすることのみではなく、各社の置かれた状況に応じて、委員長を独立社外取締役とすることにより独立性を担保することや、社外監査役を委員会の構成員に含

---

112)　2021 年パブコメ回答 No. 187。
113)　CGS ガイドライン 47-49 頁、90 頁。
114)　島崎ほか・8 頁。

める場合もあり得るとの見解が示されている。また、独立社外取締役を過半数とすること以外の構成により必要な独立性が確保されていると考える場合には、その独立性に関する考え方が投資家にとって分かりやすい形で開示され、投資家との間で建設的な対話が進むことが期待されると記されている[115]。

　次に、「委員会構成の独立性に関する考え方・権限・役割等」を開示すべきとの規律について、2021年のコード改訂時の立案担当者は、これらの委員会にどのような役割・権限が付与され、どのような活動が行われているのかが開示されていない場合が多いとの指摘を踏まえたものであると述べている[116]。指名委員会の役割には、指名の基準の策定、個別の候補者の評価、役員選解任議案（原案）の策定、後継者計画の策定・監督などが含まれ得る。また、報酬委員会の主な役割には、報酬制度の策定、役員報酬議案（原案）の策定、個別の役員等の評価、報酬配分額の決定などが含まれ得る。その対象者についても、CEO・取締役の他に、執行役員や主要子会社のトップが含まれ得る。また、委員会の権限についても、執行側が策定した原案の妥当性を委員会で確認・検証している場合や、委員会が原案を策定して取締役会に答申している場合、報酬については委員会が個別の報酬額の配分までを決定している[117]場合など、様々な形態が存在している[118]。これらのうち、どこまでの役割を個々の委員会が担っているかは、必ずしも開示内容からは明らかでない。こうした点に鑑みて、「委員会構成の独立性に関する考え方・権限・役割等」を開示すべきとの一文がおかれたものと考えられる。

　委員会の権限・役割に関連して、2021年のコード改訂時のパブリックコメント手続では、各上場会社の事情を踏まえつつ、監査役の候補者の指

---

115)　2021年パブコメ回答 No. 156、No. 173。

116)　島崎ほか・8頁。

117)　取締役の報酬配分の決定を取締役会から任意の報酬委員会へ委任することが認められることについて、浜田宰「任意の指名・報酬委員会の実務―CGコード適用開始一年後の現状と留意点―」商事法務2106号29頁、塚本英巨「取締役および監査役の指名・報酬に係る任意の委員会の権限」商事法務2133号102頁。

118)　フォローアップ会議第21回会合資料5・10頁。

名や監査役の報酬について各委員会による関与・助言を否定するものではないとの見解が示されている[119]。会社法上は、監査役の取締役からの独立性を保障する観点から、株主総会に提出する監査役選任議案について、監査役会に同意権と提案権が付与されている。また、監査役の個別報酬額について定款の定め又は株主総会の決議がないときには、監査役の協議により監査役の報酬の配分を定めるものとされている[120]。そのため、指名委員会や報酬委員会に対して、監査役の指名・報酬の決定を一任することはできないと解される。他方で、実務上は、監査役の候補者や個別報酬額を執行側が提案している例や、執行側から提示された個別報酬額で監査役会が決定している例が大半を占めており、監査役の独立性の実質的な担保が必要であると指摘されている（原則 4-4 の項参照）。こうした実質的な担保のあり方の一つとして、監査役の指名・報酬の妥当性を指名委員会・報酬委員会へ諮問することも否定されないとの旨を示すものと考えられる。

　指名委員会・報酬委員会がどのように指名・報酬の決定に関与しているかは、原則 3-1 (iii)・(iv)において開示の対象となる。また、報酬については、会社法及び金融商品取引法で、取締役の個人別報酬の報酬等の内容に係る決定方針、この方針の決定を取締役その他の第三者に委任した場合にはその者の氏名や委任された権限の内容等が開示の対象とされている（会社法施行規則 121 条 6 号・同 6 号の 3、開示府令 3 号様式・記載上の注意(38)、2 号様式・記載上の注意(57)）。

原則 4-11

> **【原則 4-11．取締役会・監査役会の実効性確保のための前提条件】**
> 　取締役会は、その役割・責務を実効的に果たすための知識・経験・能力を全体としてバランス良く備え、ジェンダーや国際性、職歴、年齢の面を含む多様性と適正規模を両立させる形で構成されるべきである。また、監査役には、適切な経験・能力及び必要な財務・会計・法

---

119)　2021 年パブコメ回答 No. 172。
120)　会社法 343 条、387 条 2 項。

務に関する知識を有する者が選任されるべきであり、特に、財務・会計に関する十分な知見を有している者が1名以上選任されるべきである。

　取締役会は、取締役会全体としての実効性に関する分析・評価を行うことなどにより、その機能の向上を図るべきである。

対話ガイドライン3-6、3-10、3-11

3-6. 取締役会が、持続的な成長と中長期的な企業価値の向上に向けて、適切な知識・経験・能力を全体として備え、ジェンダーや国際性、職歴、年齢の面を含む多様性を十分に確保した形で構成されているか。その際、取締役として女性が選任されているか。

3-10. 監査役に、適切な経験・能力及び必要な財務・会計・法務に関する知識を有する人材が、監査役会の同意をはじめとする適切な手続を経て選任されているか。

3-11. 監査役は、業務監査を適切に行うとともに、監査上の主要な検討事項の検討プロセスにおける外部会計監査人との協議を含め、適正な会計監査の確保に向けた実効的な対応を行っているか。監査役に対する十分な支援体制が整えられ、監査役と内部監査部門との適切な連携が確保されているか。

本原則は、取締役会及び監査役会に対して、以下の対応を求めている。

(ア)　取締役会が、その役割・責務を実効的に果たすための知識・経験・能力を全体としてバランス良く備え、ジェンダーや国際性、職歴、年齢の面を含む多様性と適正規模を両立させる形で構成されること

(イ)　監査役に、適切な経験・能力及び必要な財務・会計・法務に関する知識を有する者が選任されること

(ウ)　監査役に、財務・会計に関する十分な知見を有している者が1名以

　　上選任されること

㈎　取締役会が、取締役会全体としての実効性に関する分析・評価を行うことなどにより、その機能の向上を図ること

　本原則は、取締役会と監査役会の実効性確保のための前提条件として、その備えるべき資質等を示すものである。この内容をさらに敷衍すべく、補充原則 4-11①から③が置かれ、取締役の有するスキル等の組合せ、他社の役員の兼任、取締役会評価について定めている。

　2018 年のコード改訂では、本原則の要請のうち㈠の「多様性」に「ジェンダーや国際性を含む」との例示が追加された。同改訂の立案担当者は、この改訂の趣旨について、ジェンダーや国際性が「多様性」に含まれることを明確化したものであると述べている[121]。このうち「国際性」の意義について、2018 年のコード改訂時のパブリックコメント手続では、全ての上場会社に対して外国人取締役の選任を求めるものではないとした上で、例えば、幅広く国際的に事業を展開している上場会社などにおいては、外国人取締役の選任が必要な場合もあり得るとの見解が示されている[122]。

　2021 年のコード改訂では、ダイバーシティに関する改訂の一環として、本原則と対話ガイドライン 3-6 の「多様性」の例示に「職歴、年齢」が追加された。このうち「職歴」について、2021 年のコード改訂時のパブリックコメント手続では、例えば中途採用者の登用という意味では多様性の要素として機能する一方、他の会社における経験という意味では取締役のスキルの一つとして機能すると考えられるとしている。また、「年齢」が追加された趣旨については、取締役会全体において確保されるべき多様性として、ジェンダー、国際性に加え、年齢も一つの要素として加えてはどうか等の指摘を踏まえたものだと述べている[123]。

　本原則の要請のうち㈡の「必要な財務・会計・法務に関する知識」は、2018 年のコード改訂で、監査役の機能発揮に関する改正の一環として追

---

121)　田原ほか・11 頁。
122)　2018 年パブコメ回答 No.135。
123)　2021 年パブコメ回答 No.146。

加された要請である。2018 年のコード改訂時のパブリックコメント手続
では、その趣旨について、監査役及び監査役会に期待される業務監査・会
計監査などの重要な役割・責務を果たす上で必要と考えられる知識を意味
するものだと説明した上で、そうした知識は、個々の監査役に求められる
ものとの見解が示されている[124]。

　本原則の要請のうち(ウ)の「財務・会計に関する十分な知見」については、
2018 年のコード改訂において、「適切な知見」が「十分な知見」へと改訂
された。また、監査役に求められる資質や、企業側から監査役への支援体
制等についての対話を促すため、対話ガイドライン 3-10 と 3-11 が新たに
置かれた[125]。なお、2018 年のコード改訂時のパブリックコメント手続で
は、ここでいう財務・会計に関する「十分な知見」を有する者の意義は、
改訂前から変わるものではなく、会計監査人に監査を適切に実施させ、そ
の監査の方法・結果の相当性を判断する際に役立つものであることが必要
との見解が示されている[126]。その上で、こうした知見を有する者は、公
認会計士等の資格を有する者に限定されず、会社実務で経験を積んでいる
者等も含まれると考えられるとしている[127]。このほか、コード策定時の
立案担当者は、このような知見は監査役への就任の時点で必要との考え方
を示している[128]。

　この点に関連して、会社法は、「会社役員のうち監査役、監査等委員又
は監査委員が財務及び会計に関する相当程度の知見を有しているものであ
るときは、その事実」を事業報告の中に記載することとしている（会社法
施行規則 121 条 9 号）。そのため、財務・会計に関する十分な知見をどの監
査役が有しているかは、事業報告において開示の対象となると考えられる。

　本原則の要請のうち(エ)については、補充原則 4-11③が取締役会評価に
関してより具体的な規律を設けている。同補充原則を実施することが(エ)の

124）　2018 年パブコメ回答 No. 186。
125）　田原ほか・13 頁。
126）　2018 年パブコメ回答 No. 191。
127）　2018 年パブコメ回答 No. 191。油布ほかⅣ・50 頁も参照。
128）　油布ほかⅣ・56 頁。

要請への対応にもつながると考えられるため、その具体的な規律について
は補充原則4-11③の項を参照されたい。

補充原則4-11①

> 4-11①　取締役会は、経営戦略に照らして自らが備えるべきスキル
> 　等を特定した上で、取締役会の全体としての知識・経験・能力のバ
> 　ランス、多様性及び規模に関する考え方を定め、各取締役の知識・
> 　経験・能力等を一覧化したいわゆるスキル・マトリックスをはじめ、
> 　経営環境や事業特性等に応じた適切な形で取締役の有するスキル等
> 　の組み合わせを取締役の選任に関する方針・手続と併せて開示すべ
> 　きである。その際、独立社外取締役には、他社での経営経験を有す
> 　る者を含めるべきである。

　本補充原則は、取締役会に対して、以下の対応を求めている。
　㋐　経営戦略に照らして自らが備えるべきスキル等の特定
　㋑　取締役会の全体としての知識・経験・能力のバランス、多様性及び
　　規模に関する考え方の策定・開示
　㋒　各取締役の知識・経験・能力等を一覧化したいわゆるスキル・マト
　　リックスをはじめ、経営環境や事業特性等に応じた適切な形での取締
　　役の有するスキル等の組み合わせの開示
　㋓　取締役の選任に関する方針・手続の開示
　㋔　独立社外取締役には、他社での経営経験を有する者を含めること

　本補充原則は、原則4-11の一文目における、取締役会がその役割・責
務を実効的に果たすための知識・経験・能力を全体としてバランス良く備
えるべきとの要請について、これを確保するための手続と開示の定めを置
くものである。
　2021年のコード改訂では、取締役会の機能発揮の一環として、本補充
原則の要請のうち㋐、㋒及び㋔が新たに追加された。この改訂の趣旨につ

いて、フォローアップ会議意見書(5)は、取締役会が経営者の迅速・果断な
リスクテイクを支え重要な意思決定を行うとともに、実効性の高い監督を
行うには、取締役の知識・経験・能力、さらには就任年数に関する適切な
組み合わせの確保が不可欠であると述べている。その上で、取締役会にお
いて中長期的な経営の方向性や事業戦略に照らして必要なスキルが全体と
して確保されることは、取締役会がその役割・責務を実効的に果たすため
の前提条件であるとしている[129]。

　本補充原則の要請のうち(ア)に関連して、2021 年のコード改訂時のパブ
リックコメント手続では、単に各「取締役の有するスキル等」を開示する
のみならず、経営戦略に照らして自らが備えるべきスキル等を特定するこ
とが求められるとの回答が示されている[130]。フォローアップ会議でも、
スキル・マトリックスの項目と経営戦略の方向性との整合性が重要である
との指摘がなされている[131]。これらは、経営戦略を出発点として、その
実現のために取締役会として備えるべきスキルを特定するといった視点の
重要性を示すものであると考えられる。例えば、経営戦略の柱として M
＆A や DX の推進を掲げている企業であれば、これらの分野に関する知
見・経験等を取締役会が備えるべきスキルとして掲げることが考えられよ
う。

　上場会社を取り巻く環境の変化や、経営戦略の改訂等があった場合には、
取締役会が経営戦略に照らして自ら備えるべきスキル等も変化し得る。こ
うした考え方から、2021 年のコード改訂時のパブリックコメント手続で
は、取締役会が自ら備えるべきスキル等について、必要に応じて定期的な
見直し等が行われることも有益な場合があり得るとの考え方が示されてい
る[132]。

　本補充原則の要請のうち(ウ)について、2021 年のコード改訂時のパブリ
ックコメント手続では、「いわゆるスキル・マトリックスをはじめ」とあ

---

129)　フォローアップ会議意見書(5) 2 頁。
130)　2021 年パブコメ回答 No.96。島崎ほか・21 頁も同旨。
131)　フォローアップ会議第 21 回会合議事録（三瓶メンバー発言）。
132)　2021 年パブコメ回答 No.131。

ることから、必ずしもスキル・マトリックスの作成自体が求められているのではなく、これ以外の方法によりコードの趣旨に沿った分かりやすい開示がなされる場合には他の形式を用いることも想定されている旨が述べられている[133]。海外企業で先行している取組みとしては、いわゆる星取表の形式でスキルの有無のみを表すのではなく、いわゆるヒートマップの形式でスキルの程度を段階的に示すといった事例や、個々の候補者ごとに、その有しているスキルと経験、会社がそのスキルと経験を必要としている理由を説明する事例などが存在する。このほか、取締役の誰かが備えるべき知識・経験・能力とあわせて、取締役の皆が備えているべき資質（誠実さ・倫理性、ビジネス感覚・分析力、社会性等）を明記する例も存在する。取締役のスキルを詳細に開示しようとすれば、企業にとっては工数の増加につながりやすい一方で、投資家にとっては、取締役会の実効性の向上へ向けた取組みを把握する上で参考となるところが大きいであろう。

　本補充原則の要請のうち(エ)について、コード策定時の立案担当者は、原則 3-1 (iv)の方針と手続を指すと述べた上で、本補充原則と原則 3-1 (iv)をあわせて一体のものとしてひとまとまりで開示するか否かは各社の判断に委ねられているとしている[134]。社外取締役候補者の選任に関しては、会社法において、その候補者が社外取締役に選任された場合に果たすことが期待される役割の概要を株主総会参考書類に記載することとされている（同74 条 4 項 3 号）。実務上は、この開示において、本項に基づく個々の選任・指名についての説明を行うと共に、社内役員についても同様の事項を開示することが考えられる[135]。

　本補充原則の要請のうち(オ)について、2021 年のコード改訂時のパブリックコメント手続では、独立社外取締役は、企業が経営環境の変化を見通し、経営戦略に反映させる上でより重要な役割を果たすことが求められる

---

133)　2021 年パブコメ回答 No. 97。島崎ほか・21 頁。

134)　油布ほかⅣ・50 頁、56 頁。

135)　2021 年のコード改訂時のパブリックコメント手続でも、各上場会社において、株主総会資料で、取締役の選任議案とともに、スキル等の組み合わせを開示し、その旨及び閲覧場所（ウェブサイトの URL 等）をコーポレートガバナンス報告書に記載することも考えられるとの旨が示されている（2021 年パブコメ回答 No. 124）。

ため、他社での経営経験を有する者を含めることが肝要との指摘等を踏まえたものだと述べている。また、「他社での経営経験を有する者」の範囲について、CEO 等の経験者に限られるという趣旨ではなく、コードの趣旨に照らし、上場会社において適切に判断することが想定されているとしている[136]。

補充原則 4-11②

> 4-11②　社外取締役・社外監査役をはじめ、取締役・監査役は、その役割・責務を適切に果たすために必要となる時間・労力を取締役・監査役の業務に振り向けるべきである。こうした観点から、例えば、取締役・監査役が他の上場会社の役員を兼任する場合には、その数は合理的な範囲にとどめるべきであり、上場会社は、その兼任状況を毎年開示すべきである。

　本補充原則は、取締役・監査役・上場会社に対して、以下の対応を求めている。
　㈅　取締役・監査役が、その役割・責務を適切に果たすために必要となる時間・労力を取締役・監査役の業務に振り向けること
　㈄　取締役・監査役が他の上場会社の役員を兼任する場合には、その数を合理的な範囲にとどめること
　㈆　上場会社が、その兼任状況を毎年開示すること

　本補充原則の要請のうち㈅の趣旨について、コード策定時の立案担当者は、取締役・監査役がこの要請を充足することは、取締役会・監査役会の実効性確保の前提条件であると述べている。また、本補充原則の要請のうち㈄と㈆の趣旨について、本補充原則の要請のうちの㈅を充足するためには、他社との兼任等を合理的な範囲にとどめる必要があり、また、その兼

---

136)　2021 年パブコメ回答 No.112、116。2021 年改訂提言 2 頁も参照。

任状況は株主が取締役・監査役を評価する上での重要な判断材料になると
考えられるとしている[137]。

　この「合理的な範囲」の内容について、コード策定時の立案担当者は、
一律に数値基準を置く代わりに、その解釈を当該取締役・監査役の良識に
委ねる手法を採用したとしている[138]。実務上は、機関投資家が自らの議
決権行使方針において、兼任数が何社以上である候補者についてはその選
任に反対するといった基準を示していることが多く、そうした水準を参考
にすることが考えられる。

　取締役・監査役の重要な兼職状況は、事業報告で開示の対象とされてい
る（会社法施行規則 121 条 8 号）。本補充原則の要請のうち(ウ)の開示を行う
にあたっては、事業報告の該当箇所を参照する方式とすることも考えられ
る。

補充原則 4-11③

> 4-11③　取締役会は、毎年、各取締役の自己評価なども参考にしつ
> つ、取締役会全体の実効性について分析・評価を行い、その結果の
> 概要を開示すべきである。

対話ガイドライン 3-7

> 3-7.　取締役会が求められる役割・責務を果たしているかなど、取締
> 役会の実効性評価が適切に行われ、評価を通じて認識された課題を
> 含め、その結果が分かりやすく開示・説明されているか。取締役会
> の実効性確保の観点から、各取締役や法定・任意の委員会について
> の評価が適切に行われているか。

---

137)　油布ほかⅣ・50 頁。
138)　油布ほかⅣ・50 頁。

　本補充原則は、取締役会に対して、毎年、以下の対応を行うよう求めている。

(ア)　毎年、各取締役の自己評価なども参考にしつつ、取締役会全体の実効性について分析・評価を行うこと

(イ)　取締役会全体の実効性評価の結果の概要を開示すること

　本補充原則は、原則 4-11 において、取締役会が取締役会全体としての実効性に関する分析・評価を行うことなどによりその機能の向上を図るべきとされているのを受けて、取締役会の評価について具体的な規律を設けるものである。

　取締役会評価の目的について、コード策定時の立案担当者は、取締役会がその役割・責務を実効的に果たすには、各取締役個人の職務遂行の状況のみならず、取締役会全体が適切に機能しているかを定期的に検証し、その結果を踏まえ、問題点の改善や強みの強化等の適切な措置を講じていく、という継続的なプロセスが必要になると考えられると述べている。また、取締役会評価の結果の概要の開示は、株主等との建設的な対話の材料となり、結果としてステークホルダーの信認を獲得し、その支持基盤の強化につながるとの考え方をあわせて示している[139]。

　本補充原則の一文目の「各取締役の自己評価なども参考にしつつ」の記述に関連して、コード策定時の立案担当者は、取締役会全体の評価を実施するに際しては、各取締役が自分自身及び取締役会全体についての評価を行うことが、その議論の出発点になると考えられると述べた上で、本補充原則において、少なくとも自己評価という形で各取締役の評価の実施を求めているとしている[140]。この記述に照らせば、本補充原則をコンプライする上では、各取締役の個人別の評価を行うことが重要となると考えられる。

　2021 年の改訂では、対話ガイドライン 3-7 に、「取締役会の実効性確保

---

139)　油布ほかIV・50 頁。
140)　油布ほかIV・51 頁。

の観点から、各取締役や法定・任意の委員会についての評価が適切に行われているか」との記述が追加された。これは、各取締役の個人別評価のほか、指名委員会・報酬委員会などの委員会をも評価の対象とすることを機関投資家と企業との対話において重点的に議論するよう促す趣旨である[141]。関連して、CGS ガイドラインは、指名委員会や報酬委員会が、社長・CEO ら経営陣の指名・報酬等について実質的な監督機能を担うと指摘した上で、委員会の構成、諮問対象者・諮問事項、審議・運営のあり方も含めて、取締役会と委員会とが一体として実効的に機能しているかについても評価を行うよう促している[142]。また、2018 年のコード改訂時のパブリックコメント手続では、監査役会設置会社においては、それぞれの上場会社の判断により、監査役会について実効性評価を実施することも考えられる旨の見解が示されている[143]。

　東証コーポレートガバナンス白書は、取締役会評価における評価の項目について、取締役会の構成や役割、運営状況、審議状況、取締役への支援体制（トレーニングや情報提供等）等を多くの会社が挙げているとしている。また、評価手法・プロセスとして、アンケート・質問表等、インタビュー・ヒアリング、第三者評価の利用等を挙げている[144]。

　取締役会の評価を行うに際しては、その前提として、評価基準が明確にされ、評価者の間で共有されることが重要となる。すなわち、中長期的な企業価値の向上の観点から、自社における取締役会の役割・責務をまず明確化し、その上で、この役割・責務が適確に果たされているかを評価することが重要となる。

　また、評価の姿勢として、取締役会が有効に機能しているか否かに留まらず、より良い取締役会の実現を目指す上での課題は何かを特定し、課題の解消へ向けた取組みを行うと共に、その取組みの状況を翌年の評価の対象とすることで、継続的な改善を図ることが重要となる。本補充原則にお

---

141)　島崎ほか・9 頁。
142)　CGS ガイドライン 108 頁。
143)　2018 年パブコメ回答 No.144。
144)　東証コーポレートガバナンス白書 129 頁。

いて「毎年」の評価が求められている趣旨も、こうした継続的な改善が図られることを期待する点にある。

原則4-12

> **【原則4-12.　取締役会における審議の活性化】**
> 　取締役会は、社外取締役による問題提起を含め自由闊達で建設的な議論・意見交換を尊ぶ気風の醸成に努めるべきである。

　本原則は、取締役会に対して、社外取締役による問題提起を含め自由闊達で建設的な議論・意見交換を尊ぶ気風の醸成に努めるよう求めている。

　本原則及び補充原則4-12①が定められた背景について、コード策定時の立案担当者は、我が国の取締役会では、経営戦略・経営計画や、経営陣幹部・取締役候補者の人選、役員報酬の配分方法など、監督の必要性が高い事項であっても、その詳細が経営会議等で実質的に決定され、取締役会での審議は形式的なものにとどまる場合や、報酬の配分については代表取締役へ一任する旨の決議がなされ、取締役会を通じた監督が行われていない場合が少なくない、との指摘があると述べている。また、法令上必ずしも求められていない事項までも取締役会で審議するなど、審議項目数や開催頻度が多すぎる場合がある、との指摘もあると述べている[145]。

　本原則は、このような問題意識に基づいて、取締役会における審議の活性化を図るための気風の醸成を促すものである。こうした気風の醸成と審議の活性化へ向けた具体的な方策については、補充原則4-12①で、取締役会の運営面の充実についての規律が置かれている。

　本原則に関連して、社外取締役ガイドラインは、取締役会の審議を活性化させるための具体的な方策として、審議時間の十分な確保や、事前説明の充実を通じた議案説明に係る時間の削減、実質的な討議が可能な水準までの取締役会の人数の適正化等を挙げている。また、会議室をラウンドテ

---

145)　油布ほかⅣ・51頁。

ーブルにする、座席配置を自由席にする等の実務上の工夫や、「決議事項」
「報告事項」に加えて、その場で結論を出さないことを前提とした議論の
時間を設けるなどの実務上の工夫を例示している[146]。

補充原則 4-12①

> 4-12①　取締役会は、会議運営に関する下記の取扱いを確保しつつ、
> その審議の活性化を図るべきである。
> （i）　取締役会の資料が、会日に十分に先立って配布されるようにす
> 　　　ること
> （ii）　取締役会の資料以外にも、必要に応じ、会社から取締役に対し
> 　　　て十分な情報が（適切な場合には、要点を把握しやすいように整
> 　　　理・分析された形で）提供されるようにすること
> （iii）　年間の取締役会開催スケジュールや予想される審議事項につい
> 　　　て決定しておくこと
> （iv）　審議項目数や開催頻度を適切に設定すること
> （v）　審議時間を十分に確保すること

　本補充原則は、取締役会に対して、本補充原則の(i)〜(v)の取扱いを確保
しつつ、審議の活性化を図るよう求めている。
　本補充原則が定められた趣旨について、コード策定時の立案担当者は、
取締役会における審議を実質的なものとするため、関連する情報を前もっ
て提供するなど、社外取締役による主体的な発言が可能となるような環境
を整備する必要がある、との指摘を踏まえたものであると述べている[147]。
　フォローアップ会議意見書(2)では、本補充原則を踏まえた各社の取組み
の実例が挙げられており、実務上参考となる。

146）　社外取締役ガイドライン 31 頁。
147）　油布ほかⅣ・51 頁。

（取組みの例）

- 議案について、効果的に取締役会の意見が引き出されるよう、論点・問題意識を明確にする。また、その際、取締役会議長が適切にリーダーシップを発揮する。
- 事業活動上、戦略的に重要と考えられる議案については、金額基準にとらわれず、取締役会で議論を行う一方で、議案数を絞り込むため、経営陣に委任することが適当な業務執行の決定権限については、委任を適切に進める。
- 取締役会の議案として、「報告事項」、「決議事項」に加え、「審議事項」を導入し、重要なテーマについて決議に先立って取締役会で議論する。
- 中長期的な戦略を議論するために必要な経営・財務情報を、適時に取締役会に対して報告する。
- 各議案についての議論が実質的に行われるよう、議案１件ごとに適正な審議時間を確保する。
- 取締役会の適切な運営を支えるための人員体制の充実を図る。

　本補充原則が要請する取扱いのうち(i)及び(ii)に関連して、社外取締役ガイドラインは、資料の事前配布は取締役会における議論の質を向上させ、建設的な議論を行う上で有効であると指摘している。その上で、事前に取締役会の資料を読み込み、入念な準備を行うためには、準備期間が必要であり、例えば概ね３日前までの提供を求めることが考えられるとしている。また、社内会議の資料をそのまま用いるのでなく、取締役会での議論のポイントに合わせて簡潔な資料を準備しているといった取組事例を紹介している[148]。こうした取組みを進める上では、取締役会事務局の充実・強化も重要な課題となり得るであろう。

　本補充原則が要請する取扱いのうち(iii)は、役員の取締役会への出席をで

---

148)　社外取締役ガイドライン 33 頁。

きるだけ確保する観点から、あらかじめ年間の開催スケジュールを決定しておく等の対応の必要性を踏まえたものと考えられる。役員は取締役会への出席義務を負っており、また、取締役会への出席率は機関投資家による役員再任議案への賛成率にも影響する。特に、社外役員は他社の役員を兼任していることが多く、他社の予定との調整が必要となりやすいため、実務上も重要性が高い。また、予想される審議事項を決定しておくことは、各議案について十分な審議時間の確保が図られているかの確認や、議案の優先順位付けの検討、取締役の事前の理解の促進等を通じて、取締役会の運営の効率化・実質化につながる。

　本補充原則が要請する取扱いのうち(iv)と(v)は、(iii)で示された年間スケジュールと付議事項の下で、審議項目数や開催頻度が適切に設定され、十分な審議時間が確保されるよう求めるものである。取締役会には、具体的な経営戦略や経営計画等について建設的な議論を行うことが求められている（原則 4-1）。従来の日本企業では、これらの議論が取締役会において必ずしも十分に行われてこなかったと指摘されている[149]。その実務を見直して、経営戦略等に関する議論の時間を確保しようとすると、個別の業務執行の決定に割くことのできる時間は短くなる。その結果として、各議案について審議時間を十分に確保できないとの結論に至った場合には、取締役会の審議事項の絞り込みへ向けて、取締役会から経営陣に対する委任の範囲（補充原則 4-1①参照）を見直すことが必要となり得る。また、取締役会の下に、ガバナンス委員会やリスク委員会等の任意の委員会を設け、一部の事項については少人数で討議する体制とすることにより、取締役会全体としての運営の効率化を図ることも選択肢となり得る。

　指名委員会・報酬委員会の機能発揮を図る観点からは、本補充原則が求める資料の事前配布や十分な情報の提供、年間の開催スケジュール・審議事項の決定などの対応を、指名委員会・報酬委員会の運営においても同様に行うことが期待される。

　本補充原則が求める対応が実際に確保されているかは、補充原則 4-11

149）　CGS ガイドライン 10 頁。

③の要請する取締役会評価の対象となり得る。

原則 4-13

> **【原則 4-13.　情報入手と支援体制】**
>
> 　取締役・監査役は、その役割・責務を実効的に果たすために、能動的に情報を入手すべきであり、必要に応じ、会社に対して追加の情報提供を求めるべきである。
>
> 　また、上場会社は、人員面を含む取締役・監査役の支援体制を整えるべきである。
>
> 　取締役会・監査役会は、各取締役・監査役が求める情報の円滑な提供が確保されているかどうかを確認すべきである。

　本原則は、取締役、監査役及び上場会社に対して、それぞれ以下の対応を求めている。

- (ア)　取締役・監査役が、その役割・責務を実効的に果たすために、能動的に情報を入手し、必要に応じ、会社に対して追加の情報提供を求めること
- (イ)　上場会社が、人員面を含む取締役・監査役の支援体制を整えること
- (ウ)　取締役会・監査役会が、各取締役・監査役が求める情報の円滑な提供が確保されているかどうかを確認すること

　本原則の要請のうち(ア)について、コード策定時の立案担当者は、取締役・監査役が適切に職務を果たすために必要となる情報について、受け身ではなく、自ら主体的に獲得することを求めるものであるとしている[150]。この要請については、より具体的な規律が補充原則 4-13①に置かれている。

　本原則の要請のうち(イ)について、コード策定時の立案担当者は、取締

---

150)　油布ほかⅣ・51 頁。

役・監査役がその役割・責務を実効的に果たすためには、こうした情報入手の要請に応えることを含め、会社側からの適切な支援が必要不可欠であるとの観点を踏まえたものであると述べている[151]。また、「人員面を含む」とは、例示ではなく、合理的な範囲で人員面における支援体制の整備が求められているものだとしている[152]。こうした体制は、実務上は、取締役会事務局とも称される[153]。また、指名委員会・報酬委員会を設置する場合には、これらの委員会の事務局機能も、こうした体制に含まれ得る[154]。

　本原則の要請のうち(ウ)について、コード策定時の立案担当者は、各取締役・監査役に対する円滑な情報提供が実現されていることを、取締役会及び監査役会が確実に担保すべきとの観点からの規律であるとしている[155]。その上で、こうした支援体制の整備や情報提供状況の確認は、通常は内部統制システムの構築とその監督の中で実施されることとなるであろうとしている[156]。

　本原則が求める対応が実際に確保されているかは、補充原則4-11③の要請する取締役会評価の対象となり得る。

補充原則4-13①

> 4-13①　社外取締役を含む取締役は、透明・公正かつ迅速・果断な会社の意思決定に資するとの観点から、必要と考える場合には、会社に対して追加の情報提供を求めるべきである。また、社外監査役を含む監査役は、法令に基づく調査権限を行使することを含め、適切に情報入手を行うべきである。

---

151)　油布ほかⅣ・51頁。
152)　油布ほかⅣ・56頁。
153)　社外取締役ガイドライン46頁参照。
154)　CGSガイドライン112頁参照。
155)　油布ほかⅣ・52頁。
156)　油布ほかⅣ・56頁。

本補充原則は、取締役及び監査役に対して、それぞれ以下の対応を求めている。

(ア)　社外取締役を含む取締役が、必要と考える場合に、会社に対して追加の情報提供を求めること

(イ)　社外監査役を含む監査役が、法令に基づく調査権限を行使することを含め、適切に情報入手を行うこと

本補充原則で、「社外取締役を含む」「社外監査役を含む」としている趣旨について、コード策定時の立案担当者は、社外者については、会社内部の情報へのアクセスが相対的に限られている場合が多いため、「社外取締役」を含む取締役及び「社外監査役」を含む監査役が積極的に情報獲得のために行動することの重要性を改めて強調したものであると述べている[157]。

補充原則 4-13②

> 4-13②　取締役・監査役は、必要と考える場合には、会社の費用において外部の専門家の助言を得ることも考慮すべきである。

本補充原則は、取締役・監査役に対して、必要と考える場合には、会社の費用において外部の専門家の助言を得ることも考慮するよう求めている。

コード策定時の立案担当者は、本補充原則について、職務執行に必要な情報は会社内部の情報に限定されるものではなく、場合によっては外部の専門家からの助言を利用することも必要となり得るとの観点を踏まえて設けられたものであると述べている[158]。

このような場合の具体例としては、MBO（マネジメント・バイアウト）取引において、対象会社である上場会社の独立委員会が、外部専門家から

---

157)　油布ほかⅣ・51 頁。
158)　油布ほかⅣ・51 頁。

専門的助言を受ける場合が挙げられる。M＆A指針は、MBO等の取引における公正性担保措置として、独立社外取締役や独立社外監査役から構成される独立委員会を設置することに加えて、当該委員会が外部専門家から独立した専門的助言等を取得することを例示している[159]。このように、経営陣・支配株主と少数株主・会社との間に利益相反がある場合には、外部の専門家の助言を得ることで、手続の公正性や取引条件の妥当性について慎重な検討・判断過程を経ることが有用である。経営陣の報酬の決定において外部の報酬コンサルタントを起用すること等も、その例として挙げられよう[160]。

　取締役・監査役は、会社との間で委任関係に立つため、その職務の執行に関する諸費用の支払を求めることができる（民法649条・650条）。また、監査役については、当該費用が職務の執行に必要であることの立証責任を受任者である監査役ではなく会社が負うとされており（会社法388条）、内部統制システムには、監査役の職務の執行について生じる費用に係る方針に関する事項を含むこととされている（会社法施行規則100条3項6号）。本補充原則は、必要に応じて、このような費用の支払請求権を活用しつつ、外部の専門家の助言を得るよう促すものである。

補充原則4-13③

> 4-13③　上場会社は、取締役会及び監査役会の機能発揮に向け、内部監査部門がこれらに対しても適切に直接報告を行う仕組みを構築すること等により、内部監査部門と取締役・監査役との連携を確保すべきである。また、上場会社は、例えば、社外取締役・社外監査役の指示を受けて会社の情報を適確に提供できるよう社内との連絡・調整にあたる者の選任など、社外取締役や社外監査役に必要な情報を適確に提供するための工夫を行うべきである。

---

159)　M＆A指針29頁。
160)　中村・倉橋246頁、中村・塚本・中野176頁参照。

本補充原則は、上場会社に対して、以下の対応を求めている。

(ア)　内部監査部門が取締役会及び監査役会に対しても適切に直接報告を行う仕組みを構築すること等により、内部監査部門と取締役・監査役との連携を確保すること

(イ)　例えば、社外取締役・社外監査役の指示を受けて会社の情報を適確に提供できるよう社内との連絡・調整にあたる者の選任など、社外取締役や社外監査役に必要な情報を適確に提供するための工夫を行うこと

本補充原則は、原則 4-13 の二文目が「人員面を含む取締役・監査役の支援体制」の整備を求めているのを受けて、その内容を敷衍するものである。

2019 年に公表されたフォローアップ会議意見書(4)では、内部監査部門が、CEO 等のみの指揮命令下となっているケースが大半を占め、経営陣幹部による不正事案等が発生した際に独立した機能が十分に果たされていないと指摘されていた。また、日本監査役協会の調査によれば、内部監査部門において、社長に加えて、取締役会・監査役（会）・監査委員会等のいずれかに対して直接報告が行われる仕組みを有する企業は約 45% に留まっていた[161]。このような状況等を踏まえ、2020 年 10 月以降のフォローアップ会議においても、内部監査部門の機能発揮の観点から、内部監査部門によるいわゆるデュアルレポーティングラインの重要性が指摘された。これらの指摘を踏まえて、2021 年のコード改訂では、本補充原則が改訂され、内部監査部門と取締役・監査役との連携の確保のための方法の一つとして、内部監査部門から取締役会・監査役会に対する適切な直接報告を行う仕組みの構築が示された。

フォローアップ会議では、内部監査部門の執行サイドからの独立性確保の観点から、内部監査部門の人事に監査役が関与することの重要性についても指摘がなされた。こうした指摘を踏まえて、2021 年のコード改訂時

---

[161]　フォローアップ会議第 25 回会合資料 1・10 頁参照。

のパブリックコメント手続では、例えば、内部監査部門の人事権や内部監査に係る基本規程や監査計画についての取締役会または監査役会の関与等について、必要に応じて検討がなされることが期待されるとの見解や、監査役会等が内部監査部門に対しても指揮命令権を確保し、これを適切に行使する仕組みを構築することも、コードの趣旨に照らして望ましい場合があり得るとの見解が示されている[162]。同改訂の立案担当者も、取締役会及び監査役会等の機能発揮の観点からは、内部監査部門と取締役・監査役との連携の方法の一つとして、例えば内部監査部門長の人事決定プロセスに監査役等が適切に関与する機会を確保することも、本補充原則の「内部監査部門がこれらに対しても適切に直接報告を行う仕組みを構築すること等」に含まれる場合があり得ると述べている[163]。

　内部監査部門と取締役・監査役との連携に関連して、グループガイドラインは、「内部監査部門は、①三線ディフェンス……における第三線としての適切な機能発揮と、②執行者への牽制を重要な任とする監査役等の機能発揮を支える部門としての活用の双方の観点から、業務執行ライン上のレポートライン（報告経路）に加えて、（取締役会と並んで）監査役等に対する直接のレポートラインを確保すること（いわゆる「デュアルレポートライン」）を社内規程で定めておくことが望ましい」としている[164]。これは、特に、社長をはじめとする経営陣幹部による不正への対応に当たり、社長直属で社長の指揮命令権にしか服さない内部監査部門が無効化されることへの懸念を踏まえたものであり、内部監査部門の独立性を高めるための対応である[165]。

　取締役会において適切なコンプライアンスとリスクテイクの裏付けとなり得る内部統制や全社的リスク管理体制の構築とその運用状況の監督に当たっては、その前提として、内部監査部門を活用しつつ、取締役会が適切

162）　2021 年パブコメ回答 No. 474、477。

163）　浜田宰・西原彰美「改訂コーポレートガバナンス・コードと投資家と企業の対話ガイドラインにおける監査関連の規律」月刊監査役 724 号（2021 年 8 月）95 頁。

164）　グループガイドライン 72-73 頁。

165）　塚本英巨「監査等委員会設置会社という選択——社外取締役 3 分の 1 時代を迎えて」商事法務 2281 号 36 頁参照。

に判断を行うための情報が集約されていることが肝要である。上場会社各社において、このような観点から、中長期的な企業価値の向上に向けた実効的な内部統制及びリスク管理体制の整備・運用のために、適切な取組みが進められることが期待される。

　本補充原則の要請のうち(イ)の趣旨について、コード策定時の立案担当者は、原則4-13の二文目が求める、「人員面を含む取締役・監査役の支援体制」を実効的なものとするには、とりわけ社外役員への適確な情報提供を確保するための措置が必要と考えられるためとしている[166]。

原則4-14

【原則4-14. 取締役・監査役のトレーニング】

　新任者をはじめとする取締役・監査役は、上場会社の重要な統治機関の一翼を担う者として期待される役割・責務を適切に果たすため、その役割・責務に係る理解を深めるとともに、必要な知識の習得や適切な更新等の研鑽に努めるべきである。このため、上場会社は、個々の取締役・監査役に適合したトレーニングの機会の提供・斡旋やその費用の支援を行うべきであり、取締役会は、こうした対応が適切にとられているか否かを確認すべきである。

　本原則は、取締役、監査役、上場会社及び取締役会に対して、それぞれ以下の対応を求めている。

(ア)　新任者をはじめとする取締役・監査役が、上場会社の重要な統治機関の一翼を担う者として期待される役割・責務に係る理解を深めるとともに、必要な知識の習得や適切な更新等の研鑽に努めること

(イ)　上場会社が、個々の取締役・監査役に適合したトレーニングの機会の提供・斡旋やその費用の支援を行うこと

(ウ)　取締役会が、トレーニングの機会の提供・斡旋や費用の支援が適切

---

166)　油布ほかⅣ・52頁。

に行われているか否かを確認すること

　本原則の要請のうち(ア)の趣旨について、コード策定時の立案担当者は、取締役・監査役がその役割・責務を適切に果たすためには、例えば、内部昇進した社内役員であれば、従業員とは異なる役員としての役割・権限や、自らが負うことになる法的責任等について理解を深める必要がある場合が多く、また、役員経験のある社外役員であっても、その上場会社における事業特有の知識の習得・更新が必要となる場合が多いと考えられると述べている。

　次に、本原則の要請のうち(イ)と(ウ)の趣旨について、コード策定時の立案担当者は、こうした研鑽を自らの努力のみで十分に行うのは必ずしも容易ではなく、一般に会社による適切な支援等が必要になるものと考えられるとの点を挙げている[167]。

補充原則 4-14①

> 4-14①　社外取締役・社外監査役を含む取締役・監査役は、就任の際には、会社の事業・財務・組織等に関する必要な知識を取得し、取締役・監査役に求められる役割と責務（法的責任を含む）を十分に理解する機会を得るべきであり、就任後においても、必要に応じ、これらを継続的に更新する機会を得るべきである。

　本補充原則は、社外取締役・社外監査役を含む取締役・監査役に対して、以下の対応を求めている。
　(ア)　就任の際に、会社の事業・財務・組織等に関する必要な知識を取得し、取締役・監査役に求められる役割と責務（法的責任を含む）を十分に理解する機会を得ること
　(イ)　就任後において、必要に応じ、これらを継続的に更新する機会を得

---

167)　油布ほかⅣ・52頁。

　ること

　本補充原則は、原則 4-14 の一文目の内容を敷衍して、取締役・監査役
に習得が求められる知識の内容を具体的に示すと共に、就任時に留まらず、
就任後においても、必要な知識の更新を継続する必要性を示すものである。
　これらのトレーニングの内容について、コード策定時の立案担当者は、
内部昇進した社内役員であれば、従業員とは異なる役員としての役割・権
限や、自らが負うことになる法的責任等について理解を深める必要がある
場合が多く、また、役員経験のある社外役員であっても、その上場会社に
おける事業特有の知識の習得・更新が必要となる場合が多いであろう旨を
述べている[168]。
　このうち前者については、上場会社ごとに習得すべき内容に必ずしも大
きな差がないと思われ、上場会社が自ら研修を行わずとも、外部の研修プ
ログラム等の利用を斡旋することでも十分な効果が得られやすいと思われ
る。他方で、後者については、上場会社の事業における市場の動向と将来
の展望、競合他社の状況、規制の動向、戦略と課題、自社の財務状況や組
織構造などが含まれ得る。これらの内容は上場会社各社によって様々であ
るため、役員の十分な理解を得るに当たって、上場会社が自らトレーニン
グの機会を提供する必要性が相対的に高いといえよう。

補充原則 4-14②

> 4-14②　上場会社は、取締役・監査役に対するトレーニングの方針
> について開示を行うべきである。

　本補充原則は、上場会社に対して、取締役・監査役に対するトレーニン
グの方針の開示を求めている。
　コード策定時の立案担当者は、本補充原則が置かれた趣旨について、取

---

168)　油布ほかⅣ・52 頁。

締役・監査役に対するトレーニングの機会の支援等の方針が明らかとなっていることは、株主等のステークホルダーからの信認を深めることにも資すると考えられると述べている。その上で、上場会社としては、こうしたトレーニングを単に一方的に知識・情報を提供する場ととらえるのではなく、自社が考える取締役・監査役の基本的な役割・責務について共有を図る重要な機会でもあるととらえ、主体的に取り組むことが期待されているとしている[169]。

　東証コーポレートガバナンス白書によれば、本補充原則に基づく開示において、外部セミナー・研修等に言及している例は 1,893 社（72.7%）あり、研修の内容については、法（法令・会社法・法的責任等）、財務・会計、コーポレート・ガバナンス、コンプライアンス等に言及する例が相対的に多いとのことである。また、役員の属性に応じて研修内容を変えている例として、社内の新任役員に対しては取締役として基礎的な知識の習得を狙いとし、社外の新任役員に対しては工場見学を含む当該会社をより深く理解してもらう機会を提供しているとの例が紹介されている[170]。このように、「トレーニングの方針」に留まらず、トレーニングの具体的な内容や実績など、トレーニングの実施状況を含めて開示する対応[171] は、独立社外取締役の複数選任が一般的となり、その質の確保に対する関心が高まる中で、投資家や株主の理解を得ることに資するといえよう。

---

169)　油布ほかⅣ・52 頁。

170)　東証コーポレートガバナンス白書 135 頁。

171)　欧米における役員トレーニングの先進的な取組事例を紹介する文献として、内ケ崎茂・大伊邦夫「欧米の役員トレーニングの現状と日本への示唆」商事法務 2247 号 23 頁参照。

▶第5章　株主との対話

基本原則5

【基本原則5】

　上場会社は、その持続的な成長と中長期的な企業価値の向上に資するため、株主総会の場以外においても、株主との間で建設的な対話を行うべきである。

　経営陣幹部・取締役（社外取締役を含む）は、こうした対話を通じて株主の声に耳を傾け、その関心・懸念に正当な関心を払うとともに、自らの経営方針を株主に分かりやすい形で明確に説明しその理解を得る努力を行い、株主を含むステークホルダーの立場に関するバランスのとれた理解と、そうした理解を踏まえた適切な対応に努めるべきである。

考え方

　「『責任ある機関投資家』の諸原則《日本版スチュワードシップ・コード》」の策定を受け、機関投資家には、投資先企業やその事業環境等に関する深い理解に基づく建設的な「目的を持った対話」（エンゲージメント）を行うことが求められている。

　上場会社にとっても、株主と平素から対話を行い、具体的な経営戦略や経営計画などに対する理解を得るとともに懸念があれば適切に対応を講じることは、経営の正統性の基盤を強化し、持続的な成長に向けた取組みに邁進する上で極めて有益である。また、一般に、上場会社の経営陣・取締役は、従業員・取引先・金融機関とは日常的に接触し、その意見に触れる機会には恵まれているが、これらはいずれも賃金債権、貸付債権等の債権者であり、株主と接する機会は限られている。経営陣幹部・取締役が、株主との対話を通じてその声に耳を傾け

ることは、資本提供者の目線からの経営分析や意見を吸収し、持続的な成長に向けた健全な企業家精神を喚起する機会を得る、ということも意味する。

コーポレートガバナンス・コードは、第 5 章において、「株主との対話」を掲げている。これは、同コードとスチュワードシップ・コードが「車の両輪」であるとの考え方を踏まえ、実効的なコーポレート・ガバナンスの実現に資するよう、株主との対話に向けた会社の取組みの促進を期待するものである。OECD コーポレートガバナンス原則には独立の章としては明記されておらず、我が国のコーポレートガバナンス・コード独自の取組みである[1]。

本基本原則の一文目は、上場会社に対して、株主総会の場以外においても、株主との間で建設的な対話を行うことを求めている。

また、本基本原則の二文目は、経営陣幹部・取締役（社外取締役を含む）に対して、以下の対応を求めている。

(ｱ)　株主との間の対話を通じて株主の声に耳を傾け、その関心・懸念に正当な関心を払うこと

(ｲ)　自らの経営方針を株主に分かりやすい形で明確に説明しその理解を得る努力を行うこと

(ｳ)　株主を含むステークホルダーの立場に関するバランスのとれた理解と、そうした理解を踏まえた適切な対応に努めること

本基本原則を置いた背景として、コード策定時の立案担当者は、株主はコーポレート・ガバナンスの規律における重要な起点であるが、従業員・取引先・金融機関等と異なり、上場会社の経営陣・取締役が株主と接する機会は通常限られているとの認識を示している。その上で、上場会社が株主との間で建設的な対話を行うことにより、株主の関心・懸念を把握し、その内容を踏まえて適切な対応を行うことは、上場会社が持続的な成長に

---

1)　油布ほかⅠ・51 頁。

邁進する上できわめて有益であるとの考えを述べている[2]。

原則 5-1

> 【原則 5-1．株主との建設的な対話に関する方針】
> 　上場会社は、株主からの対話（面談）の申込みに対しては、会社の持続的な成長と中長期的な企業価値の向上に資するよう、合理的な範囲で前向きに対応すべきである。取締役会は、株主との建設的な対話を促進するための体制整備・取組みに関する方針を検討・承認し、開示すべきである。

　本原則は、上場会社に対して、以下の対応を求めている。

(ｱ)　株主からの対話（面談）の申込みに対して、合理的な範囲で前向きに対応すること

(ｲ)　株主との建設的な対話を促進するための体制整備・取組みに関する方針を検討・承認し、開示すること

　本原則の要請のうち(ｱ)については、補充原則 5-1①において、その内容が敷衍されているため、同補充原則へ適確に対応することが、(ｱ)への対応につながると考えられる。

　本原則の要請のうち(ｲ)については、補充原則 5-1②において、株主との建設的な対話を促進するための方針のうち含めるべき要素が列挙されている。コード策定時の立案担当者は、この方針について、IR 部門等にその決定を任せきりにするのではなく、取締役会が自ら決定する必要があるとしている[3]。

---

2)　油布ほかⅣ・53頁。
3)　油布ほかⅣ・53頁。

補充原則 5-1①

> 5-1①　株主との実際の対話（面談）の対応者については、株主の希
> 望と面談の主な関心事項も踏まえた上で、合理的な範囲で、経営陣
> 幹部、社外取締役を含む取締役または監査役が面談に臨むことを基
> 本とすべきである。

　本補充原則は、上場会社に対して、株主との実際の対話（面談）の対応
者について、合理的な範囲で、経営陣幹部、社外取締役を含む取締役また
は監査役が面談に臨むことを基本とするよう求めている。

　この「対話（面談）」について、コード策定時のパブリックコメント手
続では、時間的・物理的な制約等により、上場会社として「面談」の対応
に特に課題が生じやすいと考えられる面があるため、原則 5-1 及び本補充
原則において、「面談」に絞って一定のベストプラクティスを示したとさ
れている[4]。コード策定時の立案担当者は、株主と上場会社との間で建設
的な対話を実現するに当たり、フェイス・トゥ・フェイスの対話（面談）
が重要な役割を果たし得るという見地から、上場会社が積極的に面談に臨
むことが期待されると述べている[5]。なお、「面談」以外の対話の手段（例
えば、投資家説明会や IR 活動）については、補充原則 5-1②(iii)が、その充
実に関する取組みを公表するよう求めている。

　次に、原則 5-1 及び本補充原則では、「合理的な範囲で」との限定が付
されている。この趣旨について、コード策定時の立案担当者は、多数の株
主に株式が分散保有されている上場会社において、株主からの面談の申込
みにすべて応じることは現実的ではないし、上場会社が株主との面談に追
われるあまり、日々の経営がおろそかになってしまうようでは本末転倒で
あるからであると述べている。その上で、株主の希望と面談の主な関心事
項に加えて、各上場会社の状況に照らし、例えば株主の持株数などを考慮

---

4)　2015 年パブコメ回答（和文）No. 12。
5)　油布ほかIV・53 頁。

要素に含めることは排除されていないと述べている[6]。

　この「合理的な範囲」の限定の下で、上場会社が株主からの対話（面談）の申込みに個別に応じない場合について、コード策定時の立案担当者は、望ましい対応の一例として、例えば、投資家説明会への参加を株主に促す等の対応をとることなどが考えられるとしている[7]。

　2021年のコード改訂では、本補充原則において、株主との面談の対象者について、経営陣幹部や社外取締役を含む取締役に加え、監査役も含まれることが明記された。この改訂の背景として、2020年のスチュワードシップ・コードの改訂では、脚注17において、例えばガバナンス体制構築状況や事業ポートフォリオの見直し等の経営上の優先課題について投資先企業との認識の共有を図るために、業務の執行には携わらない役員（独立社外取締役・監査役等）との間で対話を行うことも有益であると考えられる、との考え方が示されている。

　株主との対話への対応者に関連して、2021年の改訂では、対話ガイドライン4-4-1が新設され、株主の希望と面談の主な関心事項に対応するために筆頭独立社外取締役を設置しているかが、投資家と企業との対話のアジェンダとして追加されている（補充原則4-8②の項を参照）。

補充原則 5-1②

> 5-1②　株主との建設的な対話を促進するための方針には、少なくとも以下の点を記載すべきである。
> （ⅰ）　株主との対話全般について、下記(ⅱ)〜(ⅴ)に記載する事項を含めその統括を行い、建設的な対話が実現するように目配りを行う経営陣または取締役の指定
> （ⅱ）　対話を補助する社内のIR担当、経営企画、総務、財務、経理、法務部門等の有機的な連携のための方策
> （ⅲ）　個別面談以外の対話の手段（例えば、投資家説明会やIR活動）

---

6)　油布ほかⅣ・53頁。
7)　油布ほかⅣ・53頁。

> の充実に関する取組み
> (iv)　対話において把握された株主の意見・懸念の経営陣幹部や取締役会に対する適切かつ効果的なフィードバックのための方策
> (v)　対話に際してのインサイダー情報の管理に関する方策

　本補充原則は、原則5-1において開示すべきとされている株主との建設的な対話を促進するための方針について、本補充原則が示す(i)～(v)の要素を含むよう求めている。

　コード策定時の立案担当者は、このうち(v)について、対話においていわゆるインサイダー取引規制に抵触することを防止する目的で置かれたものであるとしている。その上で、株主との対話において未公表の重要事実を伝達する場合には、①株主の側において、当該上場会社の株式の売買を停止するなど、インサイダー取引規制に抵触することを防止するための措置が講じられているか等を確認し、かつ、②事前に株主の同意を得るべきであるとの考え方を示している[8]。

　コードの策定後、2017年にフェア・ディスクロージャー・ルールが導入され、上場会社の役員やIR業務に従事する者等が、機関投資家のファンドマネージャーや証券会社のアナリストなどの取引関係者に対して一定の重要情報を伝達した場合に、この伝達が意図的であれば同時に、意図的でなければ速やかに、当該情報を公表することとされた（金融商品取引法27条の36第1項）。そのため、上場会社においては、対話に臨む上での自社の情報管理体制や内部規程を、インサイダー取引規制や適時開示規制の遵守に留まらず、フェア・ディスクロージャー・ルールに対応する内容とする必要がある。

補充原則5-1③

> 5-1③　上場会社は、必要に応じ、自らの株主構造の把握に努めるべ

---

8)　油布ほかⅣ・54頁。

> きであり、株主も、こうした把握作業にできる限り協力することが
> 望ましい。

　本補充原則は、上場会社に対して、必要に応じ、自らの株主構造の把握
に努めるよう求めると共に、株主に対して、こうした把握作業に協力する
よう促している。

　コード策定時の立案担当者は、「必要に応じ」との記述について、株主
構造の把握の必要がないと判断してこれを行わない場合には、本補充原則
の前段は適用されないと考えられ、把握を行っていない旨を「エクスプレ
イン」する必要はないとしている。また、コードの名宛人が上場会社であ
ることから、株主が協力「すべきである」とするのではなく、協力するこ
とが「望ましい」との表現が用いられているものであり、上場会社による
コンプライ・オア・エクスプレインの対象とはならないとの考え方を示し
ている[9]。

　本補充原則は、いわゆる実質株主の把握に関する規律を示すものである。
関連して、スチュワードシップ・コードの脚注 15 は、「株式保有の多寡に
かかわらず、機関投資家と投資先企業との間で建設的な対話が行われるべ
きであるが、機関投資家が投資先企業との間で対話を行うに当たっては、
自らがどの程度投資先企業の株式を保有しているかについて企業に対して
説明することが望ましい場合もある」としている。

　2019 年 12 月 20 日に公表されたスチュワードシップ・コードの改訂案
では、この脚注の末尾は「説明することが望ましい」とされていた[10]。こ
の改訂案に対しては、パブリックコメント手続において、建設的な対話の
質と株数の多寡は関連しないのに、株数の多寡を重視するかのようなメッ
セージを送ることになり、株式の多寡が対話のメインテーマになりかねな

---

9)　油布ほかⅣ・54 頁。

10)　スチュワードシップ・コードに関する有識者検討会（令和元年度）「「責任ある
　　機関投資家」の諸原則≪日本版スチュワードシップ・コード≫～投資と対話を通じ
　　て企業の持続的成長を促すために～（案）の公表について」（2019 年 12 月 20 日公
　　表）別紙 1・12 頁参照。

い、株式を少数しか持っていない投資家が建設的な対話に応じてもらえなくなるおそれがある、などの意見が寄せられた。これらの意見を踏まえ、最終的には、「説明すべきである」ではなく「説明することが望ましい場合もある」と表現が弱められている[11]。そのため、スチュワードシップ・コードの受入れを表明している機関投資家が、投資先企業に対して、自らがどの程度投資先企業の株式を保有しているかを説明しなくとも、脚注15 についてエクスプレインが必要となるものではないと考えられる。

　実質株主の把握について、英国・フランスでは、会社法や商法に定めがあり、実質株主等が会社からの事実確認に応じない場合に、裁判所の命令等を得て、議決権や配当受領権を停止できるとされている[12]。日本においても、中長期的には、ハードローにおいて実質株主の確認制度を整備することが選択肢となり得る。

原則 5-2

【原則 5-2. 経営戦略や経営計画の策定・公表】
　経営戦略や経営計画の策定・公表に当たっては、自社の資本コストを的確に把握した上で、収益計画や資本政策の基本的な方針を示すとともに、収益力・資本効率等に関する目標を提示し、その実現のために、事業ポートフォリオの見直しや、設備投資・研究開発投資・人的資本への投資等を含む経営資源の配分等に関し具体的に何を実行するのかについて、株主に分かりやすい言葉・論理で明確に説明を行うべきである。

---

11)　スチュワードシップ・コードに関する有識者検討会（令和元年度）「パブリックコメントの結果の概要」（2020 年 3 月 24 日公表）7 頁。
12)　英国会社法 793 条・794 条、フランス商法 L. 228-2・L. 228-3-3。商事法務研究会「令和元年度産業経済研究委託事業（持続的な企業価値の創造に向けた企業と投資家の対話の在り方に関する調査研究）（株主総会に関する調査）成果報告書」（令和 2 年 3 月 13 日）も参照。

対話ガイドライン

1-1．持続的な成長と中長期的な企業価値の向上を実現するための具体的な経営戦略・経営計画等が策定・公表されているか。また、こうした経営戦略・経営計画等が、経営理念と整合的なものとなっているか。

1-2．経営陣が、自社の事業のリスクなどを適切に反映した資本コストを的確に把握しているか。その上で、持続的な成長と中長期的な企業価値の向上に向けて、収益力・資本効率等に関する目標を設定し、資本コストを意識した経営が行われているか。また、こうした目標を設定した理由が分かりやすく説明されているか。中長期的に資本コストに見合うリターンを上げているか。

1-4．経営戦略・経営計画等の下、事業を取り巻く経営環境や事業等のリスクを的確に把握し、より成長性の高い新規事業への投資や既存事業からの撤退・売却を含む事業ポートフォリオの組替えなど、果断な経営判断が行われているか。その際、事業ポートフォリオの見直しについて、その方針が明確に定められ、見直しのプロセスが実効的なものとして機能しているか。

2-1．保有する資源を有効活用し、中長期的に資本コストに見合うリターンを上げる観点から、持続的な成長と中長期的な企業価値の向上に向けた設備投資・研究開発投資・人件費も含めた人的資本への投資等が、戦略的・計画的に行われているか。

2-2．経営戦略や投資戦略を踏まえ、資本コストを意識した資本の構成や手元資金の活用を含めた財務管理の方針が適切に策定・運用されているか。また、投資戦略の実行を支える営業キャッシュフローを十分に確保するなど、持続的な経営戦略・投資戦略の実現が図られているか。

本原則は、上場会社に対して、経営戦略や経営計画の策定・公表に当たって、以下の対応を求めている。

㈠　自社の資本コストを的確に把握すること

㈡　収益計画や資本政策の基本的な方針を示すこと

㈢　収益力・資本効率等に関する目標を提示すること

㈣　収益力・資本効率等に関する目標の実現のために、事業ポートフォ
　　リオの見直しや、設備投資・研究開発投資・人的資本への投資等を含
　　む経営資源の配分等に関し具体的に何を実行するのかについて、株主
　　に分かりやすい言葉・論理で明確に説明を行うこと

　本原則の趣旨について、コード策定時の立案担当者は、収益力・資本効
率等に関する目標とその実現のための方策を株主と共有することは、上場
会社と株主との間で建設的な対話を進める上で重要な基盤となるのであり、
上場会社において、本原則の目指すところの実現へ向けた積極的な取組み
が進められることが期待されると述べている[13]。

　2018年のコード改訂では、本原則の要請のうち㈠が追加されている。
また、事業ポートフォリオの見直しや設備投資、研究開発投資、人材投資
等についての対話を促すため、対話ガイドライン1-1、1-2、1-4、2-1及
び2-2が設けられている[14]。2018年改訂提言は、この改訂の背景として、
多くの日本企業において経営環境の変化に応じた果断な経営判断が行われ
ておらず、事業ポートフォリオの見直しや経営陣の資本コストに対する意
識が不十分であり、企業が資本コストを上回るリターンを上げられている
かどうかについて投資家と企業の間に認識の相違があるとの指摘があると
している。その上で、企業の持続的な成長と中長期的な企業価値の向上を
実現していくためには、事業ポートフォリオの見直しなどの果断な経営判
断の重要性、そうした経営判断を行っていくための自社の資本コストの的
確な把握、戦略的・計画的な設備投資・研究開発投資・人材投資等の重要
性を指摘している[15]。

　この「資本コスト」の意義について、2018年のコード改訂時のパブリ

---

13)　油布ほかⅣ・54頁。

14)　田原ほか・7頁。

15)　2018年改訂提言1頁。

ックコメント手続では、一般的には、自社の事業リスクなどを適切に反映した資金調達に伴うコストであり、資金の提供者が期待する収益率と考えられる、適用の場面に応じて株主資本コストや WACC（加重平均資本コスト）が用いられることが多いものと考えられる、との見解が示されている[16]。これに関連して、事業再編ガイドラインでは、加重平均資本コスト（WACC）の算定方法の概要が示されている[17]。

　本原則の要請のうち(ウ)の「収益力・資本効率等に関する目標」について、コード策定時の立案担当者は、必ずしも特定のタイプの指標に限定されているわけではなく、例えば、資本効率の目標については、資本利益率（ROE）のほか、投下資本利益率（ROIC）を用いること等も選択肢となり得るとの考え方を示している[18]。

　次に、本原則の要請のうち(エ)について、2018 年のコード改訂では「事業ポートフォリオの見直しや設備投資・研究開発投資・人材投資等を含む経営資源の配分等」という記述が追加されている。この趣旨について、2018 年改訂提言では、事業ポートフォリオの見直しなどの果断な経営判断の重要性や、そうした経営判断のために自社の資本コストの的確な把握や、戦略的・計画的な設備投資・研究開発投資・人材投資等の実施が重要となるとの考え方が示されている[19]。

　関連して、2021 年のコード改訂で新設された補充原則 5-2①では、事業ポートフォリオに関する基本的な方針と事業ポートフォリオの見直しの状況を分かりやすく示すことが求められている。2021 年のコード改訂時のパブリックコメント手続では、従前より、原則 5-2 により事業ポートフォリオ等に関する説明が求められていたところ、こうした点への取組みを一層深化するために、補充原則 5-2①の新設に至ったとの考え方が示されている[20]。この考え方に照らせば、同補充原則への対応は、本原則の要請の

---

16)　2018 年パブコメ回答 No.35。田原ほか・7 頁も参照。
17)　事業再編ガイドライン別紙 2。
18)　油布ほかⅣ・54 頁。
19)　2018 年提言 2 頁。
20)　2021 年パブコメ回答 No.579。

㊂のうち、事業ポートフォリオの見直しに関し具体的に何を実行するのか
についての説明に含まれると考えられる。

補充原則 5-2①

> 5-2①　上場会社は、経営戦略等の策定・公表に当たっては、取締役
> 会において決定された事業ポートフォリオに関する基本的な方針や
> 事業ポートフォリオの見直しの状況について分かりやすく示すべき
> である。

　本補充原則は、上場会社に対して、経営戦略等の策定・公表に当たって、
以下について分かりやすく示すよう求めている。
　㋐　取締役会で決定された事業ポートフォリオに関する基本的な方針
　㋑　事業ポートフォリオの見直しの状況

　本補充原則は、2021年のコード改訂において新設された。同改訂の立
案担当者は、取締役会が事業ポートフォリオ戦略の実施状況について経営
陣を監督すべきであるとの指摘を踏まえたものだとしている。また、2021
年のコード改訂時のパブリックコメント手続では、従前より、原則5-2に
より事業ポートフォリオ等に関する説明が求められていたところ、こうし
た点への取組みを一層深化するために、補充原則5-2①の新設に至ったと
の考え方が示されている[21]。
　本補充原則中で「取締役会において決定された」とあるように、本補充
原則をコンプライするに当たっては、事業ポートフォリオに関する基本的
な方針を取締役会において決定することが必要だと考えられる。
　事業ポートフォリオに関する原則として、2021年のコード改訂では、
本補充原則のほかに補充原則4-2②が設けられ、取締役会に対して、事業
ポートフォリオに関する戦略の実行を実効的に監督することとされている。

---

21)　2021年パブコメ回答 No.579。

事項索引

著者紹介

浜田 宰（はまだ　おさむ）　弁護士（日本・ニューヨーク州）・公認会計士

2007 年公認会計士登録（2022 年再登録）、2008 年弁護士登録（2016 年再登録）、2016 年ニューヨーク州弁護士登録。2014 年 9 月より 2016 年 3 月まで、金融庁総務企画局（当時）企業開示課にて専門官として執務し、コーポレートガバナンス・コードの策定や開示府令の改正等を担当。2020 年 3 月より 2022 年 3 月まで、金融庁企画市場局企業開示課にて、企業統治改革推進管理官として、スチュワードシップ・コード及びコーポレートガバナンス・コードの再改訂等を担当。弁護士として、M＆A、コーポレートガバナンス、不祥事対応をはじめ、企業法務全般を取り扱う。

〔主な著書・論文〕

「コーポレートガバナンス・コードと投資家と企業の対話ガイドラインの改訂の解説」旬刊商事法務 2266 号（共著、2021 年）

「スチュワードシップ・コードの再改訂について」企業会計 72 巻 7 号（共著、2020 年）

「機関投資家と上場会社との対話・現状と展望」資料版商事法務 428 号（2019 年）

「近時の非財務情報への関心の高まりと任意開示の動向」旬刊商事法務 2206 号（2019 年）

『統合報告で伝える価値創造ストーリー』商事法務（共編著、2019 年）

「改訂スチュワードシップ・コードが株主との対話や議決権行使に及ぼし得る影響」月刊監査役 682 号（2018 年）

「有報記載内容の合理化、対話の促進に向けた開示府令等の改正案のポイント」企業会計 70 巻 2 号（2018 年）

「株懇提案書を踏まえた基準日変更時の実務上の留意点」企業会計 69 巻 2 号（2017 年）

「任意の指名・報酬委員会の実務―CG コード適用開始一年後の現状と留意点―」旬刊商事法務 2106 号（2016 年）

「『コーポレートガバナンス・コード原案』の概要及び同原案における開示関係の規律」週刊経営財務 3212 号（共著、2015 年）

「『コーポレートガバナンス・コード原案』の解説〔Ⅳ・完〕」旬刊商事法務 2065 号（共著、2015 年）ほか多数

コーポレートガバナンス・コードの解説

2022 年 7 月 15 日　初版第 1 刷発行

著　者　　浜　田　　　宰

発 行 者　　石　川　雅　規

発 行 所　　^{株式会社}商 事 法 務

　　　　　　〒103-0025 東京都中央区日本橋茅場町 3-9-10
　　　　　　TEL 03-5614-5643・FAX 03-3664-8844〔営業〕
　　　　　　TEL 03-5614-5649〔編集〕
　　　　　　https://www.shojihomu.co.jp/

落丁・乱丁本はお取替えいたします。　　印刷／大日本法令印刷
© 2022 Osamu Hamada　　　　　　　　Printed in Japan
Shojihomu Co., Ltd.
ISBN978-4-7857-2976-9
＊定価はカバーに表示してあります。